ESCUELA DE COCINA Y DE LA BUENA MESA

VOLUMEN 5

ESCUELA DE COCINA Y DE LA BUENA MESA

VOLUMEN 5

KARLOS ARGUIÑANO
JUAN MARI ARZAK

Coordinación de
PATXI ANTÓN

Cómo preparar postres

CÍRCULO de LECTORES

Agradecimientos

Autores y editores desean agradecer a las siguientes personas e instituciones
su autorización para reproducir las ilustraciones que reseñamos a continuación:
A.G.E. Fotostock 15, 55; Mikel Alonso 7, 11, 12, 13, 14, 16, 17, 19, 21, 22ab, 23,
24, 25, 26ab, 27, 28, 29, 30, 31, 32, 33, 34, 35a, 39, 40, 41, 43a, 44a, 45, 46, 47,
48ab, 51, 52, 53, 54, 57, 58a, 59, 60a, 61a, 62, 63, 64, 68, 72, 73, 74, 75, 76, 77,
78, 79, 80, 81, 82, 83, 84, 85, 86, 87, 88, 89, 90, 91, 92, 93, 94, 95, 96, 97, 98, 99,
100, 101, 102, 103, 105, 107, 109, 111, 113, 115, 117, 119, 121, 123, 125, 127,
129, 131, 133, 135, 137, 139, 141; Oronoz 20.

Edición: Editorial Debate, S. A. y Asegarce, S. A.
Coordinación de textos: Patxi Antón
Diseño de cubierta: Bährle/Sendra
Diseño de interior: Ozono y Miguel Corazón
Fotocomposición y fotomecánica: Alef de Bronce, S. A.

Círculo de Lectores, S. A. (Sociedad Unipersonal)
Travessera de Gràcia, 47-49, 08021 Barcelona
http://www.circulodelectores.com
9910987654

Licencia editorial para Círculo de Lectores por cortesía de Editorial Debate, S. A.

Está prohibida la venta de este libro a personas que no pertenezcan a Círculo.

ISBN: (vol. 5): 84-226-7445-9
ISBN: (obra completa): 84-226-7495-5
Depósito legal: B-1.198-1999
Impreso en Printer Industria Gráfica, Barcelona
Impreso en España *(Printed in Spain)*

N.º 06569

SUMARIO

PRESENTACIÓN

Hace tiempo que deseábamos hacer una obra explicativa y sencilla de las posibilidades que ofrece el mundo de la gastronomía y la restauración. No era tarea fácil aunar los distintos enfoques que cada uno de nosotros tenemos de la cocina, pero hemos recurrido a un punto común de arranque: la materia prima, los grupos de alimentos, las posibilidades que cada producto nos ofrece, y así presentar nuestras recetas, distintas pero complementarias, y siempre al alcance de los amantes de la buena cocina, que es la que se hace cada día con cariño e ilusión. Añadimos, además, datos históricos, anécdotas, consejos, y, sobre todo, insistimos en los fundamentos, tanto de la cocina como de la mesa, fundamentos que son los que luego permiten que nos movamos con agilidad a la hora de preparar y presentar una receta o un menú.

Así ha nacido esta colección, que esperamos interese a todas aquellas personas que, como nosotros, piensan que la gastronomía y la buena mesa son arte, cultura y ciencia, y una de las formas más placenteras de disfrutar de la vida.

Karlos Arguiñano   Juan Mari Arzak

Patxi Antón

Los postres

LOS POSTRES
Y SU IMPORTANCIA
EN LA MESA

Los amantes de la repostería anteponen incluso ésta al resto de elaboraciones culinarias, argumentando que los platos de cocina aportan sólo «cierta satisfacción» frente al «placer» que genera un buen postre.

Harto difícil puede resultar el papel a jugar por la repostería en la mesa, ya que la presencia de los postres, en todo menú, es cosa del final; es decir, precisamente cuando el apetito está saciado.

Sin embargo, y coincidiendo con nosotros, hay quienes piensan que el postre es el broche ideal de toda comida que se precie como tal. Su importancia llega al punto de ser totalmente determinante, debido a que solemos juzgar de modo casi inconsciente un menú por el recuerdo final que nos quede del mismo.

Más aún, en su definición nos encontramos ya con que por postre se entiende «fruta, dulce u otras cosas que se sirven al final de las comidas»; no cabiendo entonces duda de que los términos *postre* y *final* están estrechamente unidos.

Y, de hecho, existe incluso una expresión al uso, muy popular, que confirma lo expuesto: «Al fin y a la postre...»

Es importante tener en cuenta que un postre estará bien *situado* en un menú siempre y cuando se haya prestado suma atención a que se encuentre en consonancia con el mismo. Por dar varios ejemplos claros: si el menú es un tanto ligero, habrá sitio para elaboraciones consistentes, como el pastel de queso o el pudin de manzanas; si, en cambio, el menú fuera fuerte, incluyendo pescado y carnes aparte del entrante, habría que pensar en frutas, que bien pueden ser presentadas *al natural* o *elaboradas* (en este último caso, el pastel de frutas, el sorbete de limón o el helado de fresa

Hemos dicho ya que por postre se entiende «fruta, dulce u otras cosas que se sirven al final de las comidas»; no obstante, en este libro trataremos la repostería en general tocando los distintos usos culinarios que de ella se hacen, bien sea como postre (cremas, pasteles...), como desayuno (bollería, pastas...) o en la modalidad de repostería salada (empanada, soufflé...).

pueden ser perfectos complementos).

Indudablemente, el postre ha de constituir el broche ideal de una comida. El arte a su respecto reside no sólo en saber elaborar postres exquisitos, sino en saber combinar el resto de la comida con el postre elegido.

Otro delicado aspecto a considerar es el del momento del año en que nos encontremos a la hora de incluir un postre en un menú, ya que la estacionalidad influye de manera determinante en su ofrecimiento. Así pues, no es lo mismo hallarse en invierno

que en verano para su inges-
tión. En período invernal ape-
tecen los postres al horno
(tarta de manzanas, pastel de
hojaldre...), que se pueden
presentar en la mesa tibios o
calientes. En período estival,
los que ganan sitio, de manera general, son los postres
más refrescantes (sorbetes,
helados, mousses, granizados,
zumos de frutas...).

En el momento de «meter-
nos en harina», y nunca mejor
dicho, advertimos que si bien
la cocina posee un inmenso
campo creativo, la repostería
no le va en zaga, teniendo
además una particular exigen-
cia: la precisión. Porque la

repostería, prácticamente, no da pie a la improvisación: las medidas y los pesos son de enorme exactitud, lo que es ya muestra de la complejidad de este dulce mundo.

Una mirada hacia atrás, apoyada en argumentos históricos de base sólida, nos enseña que en la Edad Media era típico mezclar ingredientes dulces con salados en las elaboraciones culinarias; ello porque los rudos paladares de aquella época estaban acostumbrados a ese tipo de alimentación y vida. Se tiene conocimiento, asimismo, de

En la imagen de esta página, un niño vendiendo turrón en una calle de Fez, Marruecos. Este turrón es, sin duda, un producto artesanal de gran calidad, ya que su receta suele ser tradicional.
Cada país guarda sus propias tradiciones gastronómicas como parte de su cultura; en este sentido, la repostería goza de un papel especial, siendo las pastelerías comercios a los que la antigüedad añade prestigio. En la imagen de la página siguiente, una elegante pastelería de Vitoria.

que en mesas pudientes se presentaban unidos platos salados con dulces, siendo ello muestra clara de ostentación; y también, por qué no decirlo, de falta de orden. Pues, aunque tal hecho fuere típico por entonces, presentar las cosas como Dios manda requiere de cierto orden. Hubo que esperar al siglo XIX para que se llegara a aceptar este último en cuanto a los platos, para evitar presentarlos todos a la vez. Una de las ventajas evidentes del nuevo orden establecido fue indiscutiblemente), es necesario mostrar varias características fundamentales: ser tentador, vistoso, colorista, atractivo en suma. Tal como veremos más adelante, la repostería moderna ha conseguido superar las previsiones más optimistas a partir del

que platos y postres podían degustarse, ya, recién hechos, a su temperatura ideal.

No habrá dificultad en coincidir con nosotros si afirmamos que para dejar huella cuando se ocupa el último lugar (y es éste el del postre, hecho de jugar con los sentidos del comensal, con prestaciones tan originales como irresistibles y con sabores deliciosos, en los que el dulce deja de ser «tan dulce» para dar paso a los llamados «postres dietéticos».

éstos cons-
tituyen un postre
en sí. Sin olvidar que
la repostería puede ser
dulce o salada, fría o caliente, y que depende incluso del
país en que se la prepare, de
creencias religiosas o de distintas culturas, hemos elegido, entre los tantísimos ingredientes que la conforman, los
básicos e imprescindibles con
los que poder elaborar
multitud de prepara-
ciones. Son ellos: miel,

*En el caso de la repostería
existen, como en la mayoría
de los casos, utensilios específicos
para su elaboración y para su servicio.
En esta imagen: maza para miel (de color
claro) y maza de chocolate (oscura).*

INGREDIENTES
BÁSICOS
EN REPOSTERÍA

La repostería apela a sus
propios ingredientes; y
ello hasta tal punto
que algunos de

huevos, azúcar, harina, leche, nata, mantequilla, cacao.

Trataremos en este apartado, detenidamente, de cada uno de ellos.

Miel

La miel tiene el honor de ser el primer alimento azucarado consumido por el hombre. Se tiene constancia de ello gracias a los datos recogidos en antiquísimas pinturas murales que datan del Paleolítico. Posteriormente, y ya unos 2.500 años a.C., en la civilización egipcia, podemos registrar el primer *Tratado de apicultura*. Griegos primero, y romanos después, desarrollaron la agricultura y el uso y las aplicaciones de la miel. Durante muchos siglos, la miel se siguió considerando ingrediente edulcorante por excelencia de toda elaboración repostera.

Luego, con la introducción de la caña de azúcar y la remolacha habría de hacer su aparición un edulcorante tan universal como necesario y práctico: el azúcar.

Por definición, miel es «el producto alimenticio azucarado producido por las abejas a partir del néctar de las flores o de las secreciones procedentes de las partes vivas de las plantas o que se encuentran sobre ellas, que las abejas liban, transforman y combinan con sustancias específicas propias y que almacenan y dejan madurar en los panales de la colmena. Este producto alimenticio puede ser fluido, espeso o cristalino».

Así pues, se trata, claramente, de un producto biológico cuya composición varía en gran manera según la flora de origen y las condiciones bioclimáticas del ámbito de donde provenga. Por tanto, cabe hablar de diferentes tipos de miel.

Dos son los tipos fundamentales de la miel de flores: la procedente de plantas a partir de las cuales se la considera monofloral (el caso de la miel de romero, de girasol, de brezo...); y la multifloral conseguida de diversos tipos de flores, más conocida como «miel milflores».

En la imagen inferior, una peculiar forma de obtener miel en Ancares, Lugo.
Los panales son colocados en el interior de unas estructuras de piedra y rodeados por un muro que los protege de los osos.

El valor alimenticio de la miel (ésta se compone en su mayor grado de hidratos de carbono en forma de glucosa y fructosa) está constituido por una energética de indiscutible calidad natural.

La miel, presentada en atractivos tarros en el mercado, puede ser obtenida de diferentes maneras: es decantada, centrifugada, etcétera.

A pesar de los avances tecnológicos y la creación de edulcorantes prácticos y efectivos utilizables en el mundo de la repostería, la miel sigue teniendo lugar de privilegio en el mismo, así como grandes posibilidades de aplicación, pues, además de ser alimento de notable tradición histórica, ha mejorado muchísimo; hoy es presentada como un producto de alta calidad en el mercado.

Huevos

Hemos hablado al respecto largo y tendido en el Libro 1 de esta colección. De todos modos, resulta adecuado recordar que los más utilizados son, en buena lógica, los huevos frescos de gallina. Curiosa-

sobre todo, pueden conducir a cometer errores tanto en cremas como en masas. Los huevos de tamaño medio, fresco y de primera categoría son los ideales, y los que a buen seguro hacen referencia los recetarios de pastelería en general. Por encima se sitúan los huevos de categoría extra, de mayor tamaño; y por debajo, diferentes categorías de menor tamaño.

mente, el empleo de huevos en repostería puede influir de manera decisiva en el momento de acertar o no en un preparado repostero, ya que el grado de frescor y su tamaño,

Los huevos constituyen un ingrediente imprescindible del área que nos ocupa, y sin los cuales sería imposible elaborar la tan interminable lista de postres habidos y por haber: masas en general, crema pastelera, yemas, tocinillo de cielo, pudines, flanes, natillas, pasteles, helados, leche frita, bollería, merengues...

Azúcar

Materia absolutamente fundamental en la elaboración de cualquier tipo de dulce. Es un hidrato de carbono obtenido por lo general de la caña de azúcar, y, también, de la remolacha, que se presenta como sacarosa, o, lo que es lo mismo, azúcar. Son también edulcorantes utilizados en el ámbito de los postres la glucosa, la lactosa, la fructosa...

Hay varios tipos de azúcar hallables en el mercado; los más comunes son:

azúcar blanquilla: es el azúcar típico, blanquecino y totalmente soluble; puede ser «refinado»;

azúcar moreno: es el azúcar crudo de tonalidad amarillenta con matices oscuros, bastante soluble en agua;

azúcar glas: es el azúcar blanco molido totalmente

Arriba: de la caña de azúcar se extrae gran parte del azúcar que se consume en el mundo. Abajo: azúcar blanquilla.

soluble en agua, también conocido como azúcar «lustre». Es el más usado en la decoración de postres.

El azúcar presenta multitud de alternativas, sobre todo a partir de su disolución y su punto de cocción, pudiéndose obtener de ella, una vez alcanzado éste, diferentes texturas. Por supuesto, indispensable un termómetro especial, con el que se puede conseguir —insistimos en que según la temperatura a que se quiera llegar— almíbar ligero, o «puntos de bola» (blanda o firme), o caramelo...

Durante la primera mitad del siglo XIX se produjo en Cuba un fenómeno industrial conocido como de «los ingenios azucareros». Se trataba de modernas factorías cuyo fin era sacar el máximo rendimiento a la cosecha de caña de azúcar, que se cultivaba en grandes extensiones, sobre todo en la zona de Trinidad.

incluimos aquí el caso del almíbar. Ocurre que para determinar la temperatura apropiada del almíbar es

Harina

Es la harina base de gran parte de la alimentación mundial, pues no hay que olvidar que supone el principal ingrediente del pan. En bollería y masas en general es indispensable, en tanto que producto finamente triturado, obtenido de la molturación de los granos de trigo; aunque es posible obtener otros tipos de harina a partir de otros cereales (cebada, maíz...).

Dada su semejanza externa, y por lo general, las harinas de trigo parecen todas

que posee mucho gluten y es ideal para la elaboración de pan, resultando de ella un pan ligero, de miga suave.

La harina floja, debido a su bajo contenido en gluten, no es recomendable para la

iguales, dado que son blancas y están finamente molidas. Pero hay que distinguir los tipos de harina de trigo según su procedencia y variedad, o, según el porcentaje de gluten o almidón, las que son harina fuerte y harina floja.

La harina fuerte procede de la molienda del trigo duro,

En esta imagen, el aspecto de la espiga de trigo, de la que posteriormente se obtendrá harina.
La harina de trigo es una de las más consumidas, especialmente para la elaboración de pan.

elaboración de pan por cuanto absorbe menos agua que la harina fuerte, resultando los panes hechos con ella algo más pesados y duros.

La harina integral contiene todo el grano, incluida la cascarilla (el salvado), lo que le aporta al pan una serie de características dietéticas muy interesantes; ello, debido a la pureza natural de su fibra; pero hay que reconocer que, aun cuando el pan resultante de ella es muy sabroso, también suele ser algo pesado.

Un ingrediente prácticamente inseparable de la harina para la elaboración de distintas masas (tanto de panadería como de bollería) es la levadura, o, lo que es lo mismo, el fermento natural. Existen varios tipos de levadura, destacándose la fresca o prensada, así como la seca. La primera es la más empleada por los profesionales, pero posee la desventaja de su conservación breve, aun cuando es muy efectiva y práctica; de ahí que resulte tan utilizada. Por otra parte, la levadura seca está más concentrada y se conserva mejor, pero se la emplea en menor grado.

Arriba: sin ser considerado como repostería, no podíamos dejar de mencionar el pan en este apartado, ya que es tal vez el alimento en el que la harina está más presente.
Abajo: la harina es —cómo no— indispensable en los rebozados.

Leche

Alimento éste sumamente apreciado y necesario, muy utilizado en el mundo entero. La fundamental, por supuesto, es la leche de vaca, que es posible encontrar en el mercado de mil formas y para todos los gustos: condensada, esterilizada, pasteurizada, desnatada, en polvo...

Este alimento básico, totalmente necesario para la alimentación humana, forma parte de los ingredientes más empleados en repostería; sin ella no serían posibles elaboraciones tan diversas como sabrosas: crema pastelera, natillas, flanes, leche frita, arroz con leche...

La leche recién ordeñada resulta demasiado fuerte para su consumo; así pues, pasa por un largo proceso hasta llegar al envase en el que se comercializa. Las pequeñas explotaciones suelen venderla a las grandes marcas, que son las que realizan este proceso.

También los derivados lácteos ocupan un lugar de privilegio en el campo de los ingredientes más utilizados en el mundo de la repostería (tal como veremos a continuación en los casos de la mantequilla y la nata), ya que se trata de productos que, al modo de yogures, quesos o cuajadas, surgen a partir del ingrediente natural más universal y capaz de aportar nutrientes fundamentales (sobre todo para los

La cuajada es un derivado lácteo muy popular en España, cuya aportación a nuestro organismo es alta en vitaminas y minerales (más aún cuando la mezclamos con miel).

niños, que se encuentran en la etapa de desarrollo).

Las incontables alternativas que presenta la leche en el mercado convierten a este producto en uno de los más consumidos sea como fuere. Su transformación da pie a leche desnatada, semidesnatada e incluso preparada (por ejemplo, la chocolateada).

Nata

La nata, producto rico en materias grasas separado de la leche por reposo o centrifugación, ofrece muchas posibi-

Arriba: la nata es uno de los principales ingredientes en muchos tipos de tartas. Abajo: nata montada; para conseguir un buen punto se requiere, sobre todo, paciencia.

ría: la nata montada con azúcar o *chantilly* es la decoración ideal de cualquier tarta; su incomparable sabor, sumado al juego que aporta su manejo con la manga y la boquilla, aporta alimento y exquisitez. No sólo sirve como ingrediente decorativo, sino que también puede hacer las veces de relleno en bollería y hojaldres.

La nata líquida, muy utilizada en la elaboración de salsas, es indispensable como ingrediente de la cobertura de chocolate; una vez tibiamente diluida, se la mezcla con éste para obtener la trufa, con la que

lidades en repostería, tal como veremos, bien en estado líquido, bien en su cualidad como montada. En este último aspecto es en el que más destaca la nata en pastele-

se elaboran los bombones y se napan tartas de bizcocho, entre otras muchas posibilidades.

Por otra parte, con la nata también se elaboran helados, e incluso hay quien acostumbra combinarla con café.

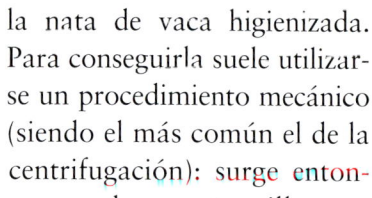

Mantequilla

Es éste un producto graso obtenido exclusivamente a partir de la leche o de

Entre los usos de la mantequilla se destaca la costumbre de untarla en pan, bollería, etc...

la nata de vaca higienizada. Para conseguirla suele utilizarse un procedimiento mecánico (siendo el más común el de la centrifugación): surge entonces la mantequilla por separación del suero.

Característica general de la mantequilla es ser alimento sólido y homogéneo, de tonalidad un tanto amarillenta y de olor y sabor claramente característicos, que mucho recuerdan a la leche.

Tanto dulce como salada, la crema de mantequilla

es muy utilizada como elemento decorativo en repostería.

Sin mantequilla difícilmente obtendremos una buena masa con la que hacer pastas, bases de tartas, hojaldres, e incluso bollería, además de cremas dulces; sin dejar de lado elaboraciones tan conocidas internacionalmente como la pasta choux o los crepes.

Cacao

Es el componente básico del chocolate, fruto del árbol cacao, que es cultivo de países de clima tropical: México, Brasil, Guatemala, Venezuela...

Aparte de la cobertura de chocolate de la que luego hablaremos, en el mercado

Utensilios antiguos para la molienda de cacao. Museo del Chocolate, Tolosa.

podemos encontrar tanto el cacao en polvo como la manteca de cacao; pero también es posible hallarlo en forma de almendra.

Cualesquiera fueren las formas en que se lo obtenga, con el cacao se tiene la posibilidad de conseguir muy diversos postres, como cremas, helados, bombonería, batidos, etcétera.

Indudablemente el caramelo, en cualquiera de sus preparaciones, es gran amigo de los niños.

ELABORACIONES FUNDAMENTALES

En base a los ingredientes hasta aquí especificados podemos elaborar postres que son de obligado comentario dentro del infinito campo de alternativas que ofrece el mundo de la pastelería. Tales elaboraciones son las siguientes:

caramelo, chocolate, helado, crema, merengue, nata montada, bizcocho, pastas, hojaldre, bollería, crepe, flan, soufflé, postres con frutas, salsas.

Caramelo

Por caramelo se entiende el punto que alcanza el azúcar al fundirse, momento en el cual adquiere una tonalidad ambarina. A partir de aquí, el azúcar puede quemarse, tornándose su color todavía más oscuro y volviéndose su sabor un tanto amargo. Este azúcar quemado se emplea en la elaboración de

El azúcar fundido a diferentes temperaturas nos proporciona distintos tipos de caramelo. En la imagen inferior, el aspecto que tiene cuando alcanza los 155 °C.

Los puntos alcanzados por el azúcar situados por debajo de los 160 °C tienen distintas denominaciones: punto de hebra, entre los 100 °C y los 110 °C; punto de bola blanda, hacia los 115 °C; punto de bola firme, alrededor de los 120 °C; y punto previo al caramelo en tanto que tal, a una temperatura entre 150 °C y 155 °C, de donde se originan los clásicos caramelos y las piruletas.

flanes y pudines, así como en colorear salsas (por ejemplo, la salsa París).

Por lo general, el caramelo resulta un tanto crujiente. El punto de temperatura ideal para la obtención de caramelo está establecido entre los 160 °C y los 180 °C; si se incrementa la temperatura a partir de la última indicada, el caramelo se quema, convirtiéndose entonces en el conocido azúcar quemado.

Existe un termómetro especial para la medición exacta de la temperatura alcanzada por el azúcar, al que se conoce por «pesajarabes».

Chocolate

El chocolate es uno de los ingredientes estrella de la repostería, si no el que más. Además, posee legiones de seguidores y degustadores, y con razón, ya que es alimento de primera línea, muy apreciado y que, tal como hemos indicado en su momento, es

Una elaboración típica con caramelo es el praliné (imagen superior), que no es sino la mezcla de caramelo con nueces y otros frutos secos.

derivado del cacao. Este último, mezclado con azúcar, da origen al chocolate.

La calidad del chocolate depende en gran parte del mayor o menor acierto al mezclar el cacao, teniéndose entonces en cuenta la gran variedad existente de éste. A nivel internacional, el chocolate más afamado es el suizo, debido a que son los suizos quienes mejor lo saben tratar, pero también «comercializar».

La denominada cobertura de chocolate procede de la pasta de cacao mezclada con manteca de cacao (en una proporción de un 30 a un 35 por 100) y, también, azúcar. La cobertura de chocolate, tibia y mezclada con nata líquida, da origen a la conocida trufa; y con ella se pueden confeccionar, únicamente, deco-

das y depositadas en un bol resistente al calor, para luego ser derretidas al baño maría, es decir suavemente.

En sus diferentes presentaciones en el mercado, el chocolate es ofrecido en las siguientes versiones:

raciones, moldes, figuras y formas diversas. El chocolate denominado «en cobertura» es comercializado en tabletas gruesas, acerca de las cuales se recomienda que sean pica-

chocolate normal: está compuesto por manteca de cacao, cacao seco y azúcar; conformado en tabletas, puede ser fino o extrafino;

sucedáneo de chocolate: muy parecido, en cuanto a aspecto, al chocolate normal,

es a veces de tonalidad ligeramente más clara que la del chocolate; a diferencia de éste, se le ha sustituido en todo o en parte la manteca de cacao por otras grasas vegetales;

chocolate con leche: es de textura más blanda que la del chocolate normal; se lo obtiene, fundamentalmente, a partir de leche y cacao;

chocolate blanco: procede principalmente de la leche y la manteca de cacao.

El chocolate a la taza es típico de celebraciones; sobre

Página anterior arriba: picando chocolate.
Esta página arriba: recipiente especial para calentar chocolate.
Ambas páginas imágenes inferiores: partes del proceso de elaboración de chocolate en grandes cantidades.

La gran variedad de bombones hace que los escaparates de las pastelerías sean especialmente vistosos.

todo, las de los más pequeños, y siempre acompañado de churros.

Se impone aquí un apartado especial: el de la bombonería. Los bombones son la tarjeta de presentación que más prestigio ha aportado al chocolate en sí, ya que se trata de *delicadezas* de pequeño tamaño que son combinadas con frutos secos y frutas confitadas, o rellenas de licor o cremas...

Helado

Los helados son una de las golosinas creadas básicamente con dos fines: para contrarrestar los calores del verano, y para ayudar a hacer mejor la digestión, constituyendo en este último caso un complemento ideal tras una comida copiosa.

Los orígenes de los modernos helados son increíblemente rudimentarios: en la historia, simplemente se mezclaba frutas o miel con hielo o nieve para su consumo.

Los helados suelen ser pre-

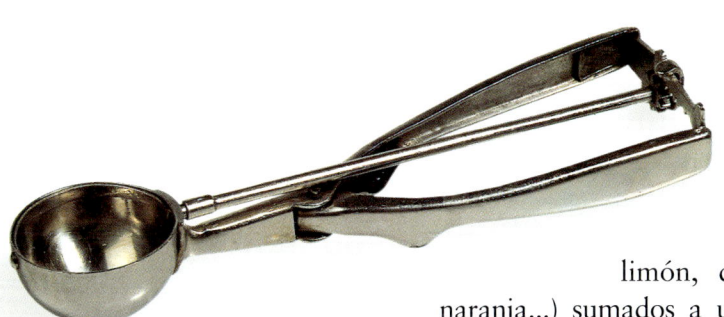

sentados en la mesa de dos maneras: según sus sabores y sus colores y en base a frutas y cremas. Los de frutas se elaboran con la pulpa triturada de distintas frutas (fresa, kiwi...) o con zumos (de limón, de naranja...) sumados a un ligero almíbar. Los helados de cremas son por todos conocidos y han pasado a formar parte de los clásicos de la repostería: helado de chocolate, de vainilla (con una crema inglesa

Arriba: pinza especial para helados.
Abajo: helados de distintos sabores.

avainillada). (Debe señalarse que la crema ˙inglesa se elabora como si de una natilla fina se tratase, a base de leche, huevos y azúcar.) Habiendo además helados de yogur, pistacho, nata, café...

Las copas de helado, por lo general combinado con frutas y salsas, estuvieron muy de moda en su día; luego cayeron en desuso, aunque todavía es posible verlas ofrecidas en las cartas de algunos restaurantes. La más conocida a nivel internacional es la «copa Melba», realizada a base de helado de vainilla en bola, melocotón en almíbar y nata montada a modo de decoración, con manga pastelera, y una guinda que remata su parte superior.

Para obtener los helados hace falta una máquina especial, llamada heladora o sorbetera, además de un potente congelador en el cual conservar el helado resultante a tan bajas temperaturas.

Los sorbetes han desplazado en cierta manera el protagonismo que hasta hoy había tenido el helado. Los sorbetes son más suaves, por cuanto se trata de helados más ligeros que dan posibilidades de ju-

Arriba: copas de helado con salsas de chocolate y fresa.
Abajo: helado de papaya.

gar una gran gama y una inmensa variedad. En su mayoría son de frutas, destacando sobre todo los sorbetes de limón; aunque también los hay de fresa, frambuesa, kiwi, de fruta de la pasión... De todo puede hacerse un sorbete, incluidas las hierbas: tal es el caso del de menta. La expresión «sorbete» hace referencia a que son helados de fácil consumo. Es importante destacar que los sorbetes ocupan lugar indiscutible entre los postres; ejemplo de ello es el que en diversos menús están cogiendo auge como «refrescos» entre platos, siempre que tales menús sean amplios.

El mundo del helado es inmenso. Al punto que existen los denominados postres semifríos, entre los que se cuentan las mousses y los parfaits, expresiones de origen francés que dan cuenta de postres delicados al fundirse en la boca, y que se han de servir bien frescos, pero no helados.

Existe asimismo un método de elaboración de un helado que no exige la heladora, aunque sí, lógicamente, el congelador: se trata del popu-

lar biscuit glacé, elaboración exquisita a base de huevos, azúcar y nata depositada en molde.

El helado dispuesto sobre un bizcocho de plancha en el fondo de una fuente, y cubierto con merengue y luego gratinado y flambeado, es el soufflé. Supone otra exquisita manera de desgustar un postre fresco, aun cuando en este caso hablamos ya de una elaboración fría-caliente.

Hay quienes, en ocasiones, a helados y sorbetes les añaden un poco de licor para conseguir darle un toque a su sabor.

Los granizados de textura cristalina son otra apuesta de la tecnología para poner a nuestra disposición un refrescante sabor de alguna fruta (en zumo) en hielo, finísimamente combinado, de tal manera que se pueda disfrutar de un sabor con el hielo como si de pilé se tratara.

El mercado actual de la industria de helados es sumamente amplio, dándose la circunstancia de que podemos encontrar desde barras de helado hasta polos de todo tipo, color y forma, con varios sabores a la vez. En definitiva, hay que afirmar que existen helados de todos los colores y para todos los gustos.

Crema

Las cremas son, al fin y al cabo, las elaboraciones que aportan suavidad y sabor a infinitud de postres. No hay tarta sin relleno, y éste, por lo general, es una crema. En tal caso, hay que hablar de la denominada crema pastelera. Pero existen asimismo otros tipos de cremas para cubrir o napar: la de mantequilla, de yemas, de chocolate... y las hay para decorar, entre las que destaca sin lugar a dudas la nata montada o chantilly.

La manga pastelera (en esta imagen) resulta indispensable a la hora de decorar postres con cremas, de chocolate, pastelera... Su manejo correcto permite dar forma a imaginativas decoraciones; con ella, los maestros pasteleros escriben sobre las tartas.

Merengue

Tan sencillo como mezclar claras batidas a punto de nieve con azúcar: esto es el merengue, elemento sin el cual el arte culinario moderno, tanto como el tradicional, no serían lo mismo. Es la capa suave, fina y un tanto «hueca» que aporta majestuosidad a cualquier postre, desde un

La esponjosidad del merengue contrasta con la cremosidad de las natillas en una mezcla que, además, aporta un toque decorativo en su presentación.

simple pastel hasta una tarta de cumpleaños y un elegante soufflé.

La fórmula del conocido merengue italiano introduce una novedad: mezcla las claras a punto de bola, operación que habrá de efectuarse con sumo cuidado, vertiendo el almíbar muy poco a poco sobre las claras. El resultado será un merengue compacto, ideal para decorar con manga.

El merengue al horno resulta exquisito. Consiste en que, una vez conseguido el merengue, hay que extenderlo sobre una placa de horno previamente engrasada, o sobre papel de pastelería también engrasado, ayudándose de una manga con boquilla ancha y rizada; hay que introducirlo en el horno a temperatura baja durante bastante tiempo (prácticamente, una hora).

Algunos acostumbran a escalfar los merengues en vez

de disponerlos en placa de horno. Cuando menos, se trata de un método curioso. La delicada operación consiste en introducir las porciones de merengue, mediante cuchara o manga, en leche bien caliente durante unos minutos, dándole la vuelta puesto que flotará. Una vez completada tal operación, se escurre el merengue sobre un paño seco y limpio, pudiéndose disponerlo en una copa con helado y sobre unas natillas...

Nata montada

De la nata hemos hablado en parte al inicio de este apartado. Debemos tratar aquí de la nata montada, también llamada chantilly. Partiendo de la nata líquida extraída de la leche, la batiremos con varillas de acero, mecánica o manualmente, agregando azúcar. Una vez llegados al punto en que la nata se monte y ad-

Sin ser complicada su elaboración, la nata montada requiere cierta atención para no ser batida en exceso.

quiera su consistencia clásica, la introduciremos en la manga y la emplearemos al gusto. Hemos de tener sumo cuidado al montar la nata, ya que es posible que «nos pasemos» al batir, resultando entonces una mantequilla azucarada.

La nata montada es valor seguro en la decoración de pastelería, tanto por su origen como por su siempre elegante aspecto.

Bizcocho

Tanto por su carácter ligero y sabroso como por su facilidad de elaboración, el bizcocho tiene sitio fijo e indiscutible en repostería. Es socorrido, por cuanto sirve de base para multitud de elaboraciones dulces (pudines, soufflés...). Además, su esponjosidad es verdadera garantía a la hora de decidirse a rellenarlo.

La composición del bizcocho es sumamente sencilla: consiste en batir primero el azúcar con los huevos, y, una vez que esta mezcla esté bien montada, hay que agregar, sin dejar de seguir montando, la harina previamente tamizada. Posteriormente, hay que verter la crema espesa resultante en un molde engrasado, e introducirla en el horno a temperatura media. Es preciso señalar que durante el tiempo en que el bizcocho permanece horneándose hay que evitar golpes que podrían provocar que el mismo «se bajara», quedando entonces apelmazado. En definitiva, se trata de algo fácil pero muy delicado.

El bizcocho de molde circular y profundo es conocido, coloquialmente, como genovés. Por su parte, el bizcocho de plancha sería el extendido en placa de horno cubierta

tano (con relleno de nata montada), resultando el todo un tubo sobre el cual se espolvoreará finalmente una fina lluvia de azúcar glas. A estos dos casos de bizcochos, tanto en molde como en placa, se les puede añadir algo de cacao en polvo, obteniéndose así bizcochos de chocolate.

con papel engrasado.

Este tipo de bizcocho suele ser utilizado relleno, y enrollado después para tartas muy conocidas como brazo de gi-

Se da por sentado que estos tipos de bizcocho son, en todo caso, bizcochos «ligeros», en contraste con los preparados de bizcochería denominados «pesados», a los que se les añade grasas. En este

último caso hablamos fundamentalmente de mantequilla, así como de otros posibles ingredientes, con los que se obtienen el plum-cake, las magdalenas, los mantecados, los sobaos pasiegos, los polvorones... en los que, además de intervenir el azúcar, los huevos y la harina, elementos como la mantequilla y la levadura (e incluso algún licor o pasas de corinto) consiguen conformar una masa sabrosa, esponjosa y aromática que admite combinaciones con chocolate, café con leche o zumo de naranja. Ello, si no acaba el todo como tarta, dejándosela tal como sale del horno.

Pastas

Las pastas cuentan básicamente con harina, que aporta cuerpo; mantequilla, que ofrece suavidad al paladar; huevos, que homogeneízan la pasta; y azúcar, que regala el dulzor. Todos estos ingredientes, combinados de diferentes maneras y con medidas cambiantes, nos permiten obtener toda la gama habida y por haber de pastas.

La más conocida en este ámbito es la pasta quebrada. Surge de una masa (como todas las pastas) a base de harina, mantequilla,

azúcar y huevos, mezclándose primero la harina con la mantequilla y los huevos para añadir finalmente el azúcar. Es recomendable introducirla en la nevera, para que así la

La pasta quebrada (o la de una fórmula semejante) puede servirnos para, una vez estirada la masa, cortar ésta en porciones con un «cortapastas», disponiéndola en placa y hor-

masa se mantenga más compacta y esté menos blanda en el momento de ser utilizada, por ejemplo, cuando hubiere que forrar un molde que rellenemos e introduzcamos en el horno (caso de la tarta de manzanas).

En España es muy común y apreciada la repostería de convento; dentro de ella se destacan las pastas, que podemos encontrar en multitud de formas y sabores.

neándola no sin antes embadurnarla con yema de huevo. El resultado será el de las pastas clásicas, que se pueden ter-

Los moldes para pastas son de un material resistente al calor, generalmente acero inoxidable, y pueden ser encontrados en innumerables formas y tamaños.

minar con chocolate, guindas, miel o mermeladas. Éstas son las conocidas como «pastas de rodillo», debido a que se las estira antes de cortarlas e introducirlas en el horno, al igual que el rodillo.

Otra versión es la de las pastas de manga. Se las consigue mezclando mantequilla, huevos, azúcar, harina y leche en proporciones muy diferentes. Una vez conseguida la masa, se introduce ésta en la manga con boquilla y se la dispone en la placa de horno a temperatura media. El remate está dado por guindas o trozos de naranja confitada...

Y hay, además, otros tipos de pas-

El rodillo es, sin duda, una herramienta imprescindible en repostería.

tas, como las lenguas de gato, que deberán quedar crujientes y resultar delicadas.

Hojaldre

Hay quien ha llegado a definir el hojaldre como «capas y más capas de pasta y mantequilla». Desde luego, no andaba descaminado quien lo dijese, pues hojaldre, por definición, es una masa obtenida a partir de

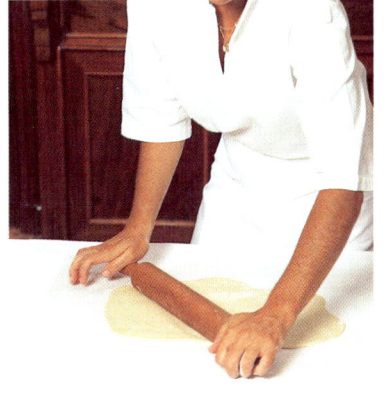

capas de pasta y grasa que, por acción del calor seco en el horno, da como resultado una pieza de volumen amplio y crujiente. Se utiliza muchísimo, tanto en repostería como en la cocina, y son innumerables los platos que del hojaldre derivan.

Arriba: detalles de la preparación de hojaldre; en este momento, la harina es fundamental. Abajo: pastel de hojaldre.

Esta masa da mucho juego: por ello es posible emplearla para hacer tartas o pasteles, pastas, palmeras, lazos, canutillos; y, en la cocina, pasteles salados para cubrir carnes, pescados o verduras.

Aunque es tiempo ya de explicitar cómo se consigue un buen hojaldre.

En primer término, hay que tamizar la harina.

A continuación, se construye con ella un «volcán», es decir

un hueco en medio de la misma, en cuyo interior agregaremos poco a poco agua y una parte de mantequilla. Es preferible efectuar esta operación, lógicamente, con la máquina amasadora. Una vez hecha la masa, hay que dejar que repose en el frigorífico. Se hace después una cruz con el cuchillo en su centro, extendiendo la masa con ayuda de un rodillo. Se introduce el resto de la mantequilla, que hay que envolver con la masa, y se sigue extendiendo ésta haciendo dobleces para conseguir de este modo completar la masa de hojaldre; todo ello de tal modo que éste, al ser trabajado posteriormente en el horno, pueda subir conformando las capas denominadas «mil hojas». Si no se quiere que el hojaldre suba, habrá que pinchar la masa con un tenedor.

El cruasán es un bollo muy apreciado en todo el mundo, especialmente en Francia, donde tiene su origen y es a su vez el desayuno más consumido, ya sea dulce o salado.

Bollería

En la repostería sobre todo dulce, pero también en el ámbito de la salada, cabe mencionar la bollería. Procede ella de una masa fermentada a base de harina (floja), azúcar, levadura prensada, huevos, leche y mantequilla e incluso una pizca de sal. Una vez obtenida la mezcla, y por consiguiente la masa, hay que dejar que ésta fermente en ambiente cálido. Finalmente, se introducirá todo en horno moderado (± 200 °C) hasta que se haga. Previamente habrá que haber pintado con yema de huevo los bollos, para que adquieran un precioso color dorado, con lo que obtendremos los famosos bollos suizos.

Existe la posibilidad de freír la masa en una gran fritura, para, una vez frita, rellenarla de crema pastelera y «terminarla» con azúcar; se trata aquí de las clásicas «bombas». Se consigue así el toque de una masa que amplía su volumen, resultando un tanto hueca y jugosa.

Si se considera el brioche como bollo y no ya como pan de levadura, se obtiene otra exquisita manera de disfrutar de un bollo de elaboración exigente y conocido internacionalmente.

Por lo general, la bollería es tenida en alta estima, ocupando un lugar indiscutible entre los productos de consumo en los desayunos.

Arriba: la masa de los bollos tipo suizo se emplea en diferentes presentaciones, como en esta barra trenzada. Abajo: brioche.

Crepe

Al igual que muchas otras preparaciones reposteras, la pasta de crepes contempla la utilización de harina, huevos y leche.

Los crepes exigen para su elaboración un poco de habilidad, ya que tras la mezcla de los ingredientes citados en un bol (en tanto se añade, si así se lo desea, un poco de mantequilla o de licor) hay que pasar esta pasta fina por una sartén antiadherente muy poco a poco. Por lo tanto, será con un pequeño cazo con lo que verteremos una cantidad de tal pasta que habrá de extenderse por toda la sartén (por lo general, de pequeño tamaño) para, al poco, obtener una fina torta a la que daremos la vuelta con sumo cuidado. Tras esta operación, y una vez que haya cuajado totalmente la pasta, habremos obtenido la fina oblea denominada crepe.

El crepe puede ser rellenado con contenidos dulces o salados. No hay que olvidar que la pasta de crepes es neutra, por lo que admite a la perfección ambos sabores. De hecho, en un restaurante podemos encontrarnos tanto con crepes de centollo como con crepes a la crema.

Ingredientes para crepe.

En estas imágenes vemos cómo la masa debe ser bien extendida al procederse a volcarla en la sartén; de este modo quedarán finos los crepes.

No obstante, hay que indicar que los cocincros profesionales utilizan un tipo de sartén que les aporta un elevado porcentaje de probabilidades de éxito, dado que se

trata para el caso de sartenes especiales de hierro colado, un excelente conductor del calor.

Los crepes pueden adquirir diferentes formas una vez obtenidas las obleas de aspecto circular. Así pues, pueden ser presentados, después de su rellenado, en forma de tubo o rollito; o conformados como un cuadrado; o incluso como un pañuelo, denominándose entonces «abanico». Por último, una salsa ligera puede ser el toque que aporte la presencia y el sabor deseados.

La preparación de crepes más afamada de la cocina internacional es, sin lugar a dudas, la de los crepes suzette. Consisten éstos en que, una vez obtenidas las obleas, se les da forma de abanico y se los acompaña con una sabrosa salsa a base de naranja (bien el zumo de ésta, bien su corteza rallada), azúcar, mantequilla y licor tipo curaçâo, Grand Marnier o Karpi. Se recomienda flambear estos crepes a la vista del comensal con el licor elegido.

Flan

Es uno de los postres más populares de todos los existentes. ¿Quién no ha probado un flan de huevo, casero? Es que lo típico consiste, precisamente, en que sea de huevo y al caramelo.

El caramelo se obtiene mezclando unas cucharadas de azúcar con unas gotas de agua en un cazo de acero inoxidable. Después, se pone la mezcla a fuego medio hasta que el azúcar se queme, momento en el que adquirirá una tonalidad ligeramente ambarina. Apartaremos el cazo del fuego y, a partir de ese momento, tendremos dos posibilidades: utilizar el caramelo directamente o guardarlo para su posterior empleo. En este último caso, una vez retirado el cazo del fuego se procederá a sumergirlo en un cuenco con agua fría y hielo; de esta manera detendremos su cocción y habremos obtenido caramelo líquido, a utilizarse cuando se lo desee. En cualquier caso, el azúcar quemado quedará depositado en el fondo del molde (o moldes, si preferi-

mos los individuales), procediéndose a la operación de extenderla con habilidad, para que el caramelo se deslice por el interior de las paredes del molde. Acto seguido, se agrega la mezcla de la masa de flan, conseguida a base de huevos y azúcar bien batidos y con leche caliente cocida previamente con un poco de canela y cáscara de limón. Para evitar impurezas y grumos, se suele colar esta mezcla exactamente antes de verterla en el molde caramelizado.

El siguiente paso es la denominada cocción al baño maría. Esta cocción consiste, sencillamente, en introducir el molde (o los moldes) dentro de otro mayor que contenga agua que alcance a más o menos los dos tercios del volumen que cocer. La temperatura del horno habrá de ser de unos 180 °C aproximadamente, con lo que el flan o los flanes estarán cocidos en una hora. Es recomendable dejar enfriar para desmoldar. Una vez fuera del molde, el flan lucirá una atractiva presentación, que puede ser acentuada aún más si así se lo desea; por ejemplo, se decora con nata montada y alguna guinda.

Por supuesto que, aparte de este típico flan de huevo al caramelo, es posible elaborar flanes con otros sabores, como de naranja, café, chocolate...

El pudin de pan es un postre sencillo, cuya elaboración e ingredientes son similares a los del flan.

El pudin o budín es otra alternativa interesante a tener en cuenta con la pasta de flan. Así pues, con frutas confitadas y trozos de bizcocho se puede elaborar un exquisito flan de frutas.

das a punto de nieve, a las que se puede añadir otros ingredientes».

Compartimos ambas definiciones por cuanto, efectivamente, se trata de una elaboración gastronómica, ya que

Soufflé

Soufflé de naranja.

Definido en primer término como «manjar que una vez preparado adquiere una consistencia esponjosa», es en una segunda instancia un «preparado gastronómico a base de claras de huevo bati-

admite lo dulce y lo salado, basándose su tratamiento en el merengue, es decir en las claras de huevo azucaradas y montadas a punto de nieve; su resultado, una vez terminado

por lo general en caliente (aun cuando hay preparaciones de soufflés en frío), es siempre esponjoso, un tanto hueco y delicado.

Existen los soufflés de sensación caliente-fría. Tal es el caso del soufflé de frutas gratinado, más conocido en el mundo gastronómico como soufflé sorpresa, o noruega. Consiste éste en cubrir el fondo de una fuente con bizcocho, disponiéndose sobre este último frutas maceradas en licor, muy frías; se termina cubriendo el todo con bizcocho, y se tapa por comple-

to con merengue, decorando con ayuda de una manga con boquilla; se espolvorea luego azúcar glas y, finalmente, se gratina a horno muy fuerte.

En caso de estar el soufflé relleno no ya de frutas, sino de helado, se conoce como soufflé Alaska. El resultado es que la superficie y la base del postre permanecen muy calientes, su interior se halla muy frío y el todo aparece de color dorado. La sensación suele ser muy interesante, y el soufflé, gracias al merengue, resulta muy suave.

El más conocido de los soufflés salados es, quizá, el de queso. Como se puede apreciar en esta imagen, tiene aspecto parecido al de un bizcocho.

Otra preparación es la de un soufflé de chocolate, cuya crema chocolateada queda suave y hueca gracias a las claras montadas. En el horno y al baño maría, y servido en su propio molde, termina siendo un delicioso postre caliente.

No debe olvidarse que este tipo de elaboraciones puede ser realizado, también, como plato salado. Es éste el caso del conocido soufflé de queso. Pero puede haberlos de pescado, de ave, de calabacín...

cuando convendría indicar que dentro de su amplísima gama existen frutas de pulpa firme y compacta (manzanas, peras, membrillo, melón...) y frutas de pulpa blanda (plátano, kiwi, higos...).

Postres con frutas

La fruta es la *reina* de los postres. Resulta prácticamente inevitable su utilización, y es que hay que aceptar que son mayoría los postres que emplean frutas en su elaboración.

Existen muchos tipos de frutas, todas ellas naturales, que no necesitan preparación ya que se las puede comer directamente del árbol o arbusto originario; aun

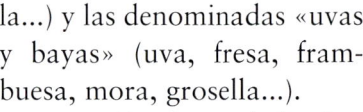

Capítulo aparte merecen los cítricos, entre los que se incluyen pomelo, naranja, limón, mandarina...

Otro modo de aunar un grupo en el campo de las frutas es indicar que las hay «con hueso» (albaricoque, melocotón, cirue-la...) y las denominadas «uvas y bayas» (uva, fresa, frambuesa, mora, grosella...).

Las aplicaciones de las frutas en repostería abarcan un inmenso abanico: ensaladas de frutas, compotas de frutas, buñuelos de plátano o manzana, soufflés de frutas, helados, sorbetes, granizados, gelatinas, salsas, brochetas, cremas, purés, en hojaldre, en papillote, con crepes, con nata montada, gratinados...

Es indudable que la fruta ha formado parte de la dieta diaria de nuestros antepasados. En la actualidad, resulta indispensable de la forma que se prefiera en cualquier menú. La estacionalidad obliga en cierta manera a seguir el dictamen del calendario, aspecto éste importante pues siempre supone una garantía saber ofrecer el mejor producto en su mejor momento. Con todo, la sociedad actual ha generado cambios al respecto, ya que la industria agrícola ha evolucionado tanto que gracias a los invernaderos es posible degustar frutas frescas fuera de su temporada. Además, las conservas y la congelación han hecho el resto como para que cualquier repostero pueda valerse de las frutas que desee prácticamente a lo largo de todo el año.

Entre las frutas frescas, tal vez la más apreciada y utilizada sea la manzana (soufflé de manzanas, tarta de manzanas, tarta tatín, pudin de manzanas, buñuelos de manzanas, manzanas al horno rellenas...). De las frutas

que le van cercanamente a la zaga hay que considerar las fresas y la naranja. Muchos son los grupos de frutas que podrían sintetizarse en una breve clasificación con el fin de acercarnos algo más al maravilloso mundo de sus sensaciones únicas; y ello ya no sólo debido a sus tan distintos y exquisitos sabores sino, también, por el mundo de colores que presentan ante nosotros, aportando así un atractivo añadido a los postres.

Melocotones, peras, kiwis, ciruelas son frutas asimismo habitualmente transformadas en postres suculentos. Son fácilmente localizables en el mercado, pero lo son junto con otros productos frutí- colas importados de lugares exóticos y que se han instalado entre nosotros, habiendo ganado por derecho propio su sitio en nuestro gusto: piña, mango, papaya, guayaba, chirimoya, carambola, lichi...

Precisamente el hecho de poder conseguir con facilidad la fruta deseada, así como debido a su manipulación por lo general sencilla, a quien cocina o prepara postres se le plantea un gran desafío: el de crear postres sencillos que mantengan lo más intactas posible las cualidades naturales de la fruta empleada, es decir su sabor, color, aroma. Ello conduce a que sólo excepcionalmente se someta a las frutas a largas cocciones. Pero no debe olvidarse, en este apartado, que el azúcar es amigo inseparable de las frutas, a las que confita.

Arriba: este curioso y exótico fruto es conocido como carambola; tiene su origen en Asia, y su pulpa es rugosa y azucarada.

Nos hallamos pues, en definitiva, ante productos sabrosos y muy nutritivos, que también tienen su sitio en las elaboraciones saladas, al igual que tantos preparados reposteros. Ejemplo de ello son las preparaciones de caza, sobre todo en platos de carne: pato a la naranja, pato con guindas, codornices a las uvas, pollo relleno de manzanas, chuletas de cerdo con puré de manzanas, conejo con ciruelas...

Las moras resultan exquisitas como ingrediente en tartas, y son de gran vistosidad si se usan como decoración o acompañamiento.

Los frutos secos merecen ser tratados, aun cuando de manera breve, en este interesantísimo apartado de las frutas, ya que, al fin y al cabo, de frutas con dura corteza se trata. Dentro de esta gama se sitúan: coco, nueces, avella-

Si en los libros anteriores hacíamos referencia a la constancia de los profesionales por conseguir siempre el mejor género, en el caso de las frutas no podemos dejar de insistir en que la calidad y la frescura de éstas son los aspectos que determinan su éxito en la mesa.

nas, castañas, cacahuetes, y almendras, pistachos o piñones; todos ellos básicos para la preparación de multitud de postres (compotas, tartas, guarniciones de platos de caza, helados, mousses, mazapanes, turrones...).

Salsas

Son las salsas preparaciones más o menos líquidas, calientes o frías, con las que se acompaña elaboraciones por lo general dulces, pero también saladas. En su mayoría se sustentan en una base y acompañamiento de almíbar, que endulza y aporta ligereza y cuerpo a la vez. La crema inglesa se suma a otros ingredientes, y de ello resultan salsas como vainilla, chocolate o café. La nata líquida se mezcla con infinidad de frutas, surgiendo entonces deliciosas salsas de fresa, grosella, moras, arándanos...

Las salsas forman parte del decorado de la repostería, aportando colores y sabores muy diferentes y complementarios. Sin ellas nos parecerían incompletos los postres de crepes, frutas, helados u hojaldres. Es cierto que no tienen el protagonismo que como tales poseen las salsas saladas en el mundo culinario, pero es innegable que aportan un toque especial.

REPOSTERÍA SALADA

Desde siempre se ha elaborado repostería salada, aun cuando puede afirmarse que de un tiempo no muy lejano a esta parte ha adquirido ésta un mayor protagonismo. Supuestamente, un tomate ha de ser cocinado con exclusividad en una cocina y no en un obrador de pastelería, pero los tiempos han dado la razón a quienes siempre pregonaron que la repostería no era exclusivamente lo dulce sino, aunque en parte pequeña, también lo salado.

Hortalizas, carnes, pescados, mariscos, quesos y embutidos son utilizados en combinación con especias, sal y masa neutra para obtener una amplia variedad de postres salados. Entre los más clásicos de éstos cabe mencionar los panes «preñados» de chorizo o salchicha, o las galletas saladas o empanadas que se han mantenido a través

En este apartado cabe destacar la empanada gallega, por ser posiblemente la especialidad de repostería salada más popular y extendida en toda España. En esta imagen vemos cómo es preparada para su reparto en unas fiestas populares de las que es protagonista.

del paso del tiempo como sabrosas alternativas a la cocina.

A la vez, hay cremas saladas que sirven de relleno, como en el caso de la crema de queso o la crema de setas; por no extendernos en las de bollería, petisús, hojaldres...

Y justamente el hojaldre es uno de los elementos más utilizados no sólo en el mundo de la repostería dulce, sino también en el de la salada: pasteles de hojaldre con jamón y queso, canutillos de hojaldre rellenos de bechamel y carne, rollitos de hojaldre rellenos de mantequilla y foie-gras, volovanes de carne de marisco...

También los cruasanes pueden ser rellenados con preparados salados antes de ser introducidos en el horno. Pero se los puede rellenar abriéndolos, asimismo, después de elaborados, si no se hubiese decidido hacerlo con anterioridad.

En un capítulo aparte situamos la sandwichería. El sándwich o emparedado, po-pular como muy pocas elaboraciones consiguen serlo, da mucho juego: puede ser de jamón y queso, otros embutidos, atún, foie-gras, pollo, anchoas, salmón ahumado, mostrándoselo en las modalidades de caliente o frío.

El hojaldre,
por lo general, es una
masa que permite todo tipo
de preparaciones; en esta imagen
vemos un pastel de hojaldre relleno de varios
ingredientes salados: verduras, setas, pollo...

El huevo duro permite multitud de combinaciones imaginativas al empleárselo como canapé.

Los canapés suponen una posibilidad «escueta», la de presentar pequeñas elaboraciones a modo de bocaditos que resultan muy atractivos para el comensal. No en vano son las estrellas de acontecimientos y eventos importantes de la vida social, principal-mente en lunches y bufetes. Pueden asumir infinitas formas, siendo, entre otros, de huevo con aceitunas, de gambas, de trucha ahumada, de jamón serrano, de paté con pepinillo, de jamón y queso, de caviar, de espárragos y mahonesa, de tomate, de pollo, de atún, de bacalao marinado...

Las tapas y pinchos aportan mil otras formas de degustación. En España, los pinchos constituyen una forma de vida. Se trata de un maravilloso mundo abierto a la imaginación, en el que, presentándoselos en caliente o en frío, a la plancha, cocidos, fritos, sobre tartaleta de hojaldre o pan, en fin, con cualquier ingrediente, resultan válidos siempre que se tenga en cuenta un cierto sentido del sabor al combinar los géneros; y, sobre

Los «rollitos de primavera» son un buen ejemplo de repostería salada oriental ya que son uno de sus platos más internacionales.

todo, que se seleccione un producto de calidad y a ello se le añada mimo y cariño en el momento de la elaboración.

Uno de los pasteles salados más conocidos a nivel internacional es el quiché Lorraine; está constituido por una base de pasta quebrada (en ocasiones, hojaldre) rellena de jamón o bacon, queso y una mezcla de nata y huevos que ayuda a homogeneizar el pastel.

Otro campo diferente es el de los fritos, que incluyen las conocidas croquetas de bechamel con jamón, o con pollo. Aquí tienen cabida los buñuelos (de jamón, de bacalao, de anchoas...). Pero también las gambas a la gabardina con pasta Orly especial para frituras, con hari-

Arriba: quiché de vegetales.
Abajo: pizza.

na, alguna gaseosa (cerveza o sifón) y levadura forman parte de los fritos.

La pizza, plato nacional de Italia, es otra interesante posibilidad, junto con sus semejantes, las cocas del Medite-

ras... completan la lista de un campo que no se circunscribe en exclusiva a todo lo dicho, pues la repostería salada llega a mezclarse con la propia cocina si se considera el caso de las tortillas, los fritos o las pizzas.

REPOSTERÍA MODERNA

Los tiempos cambian (no podía ser de otra manera) y la humanidad evoluciona. Pero no sólo en lo que respecta a las costumbres —las de hoy, en repostería, poco tienen que ver con las de inicios del siglo

rráneo. En ellas, la masa fina y redonda de pan se ve reforzada por innumerables complementos, ingredientes como el tomate y el queso.

Pasteles de cebolla, espinacas, pimientos, queso, verdu-

que ya acaba—, sino en lo concerniente a la tecnología, que aporta posibilidades de elaboraciones impensables hasta hace poco; y, también, porque hoy es posible conseguir productos con gran facilidad, sumado ello a que la propia sociedad solicita más creatividad y nuevas sensaciones. Esto ha dado pie a que excelentes cocineros y pasteleros hayan decidido apostar por «lo atrevido» en algunos casos, y por «lo vistoso y atractivo» en prácticamente el resto de los mismos.

A nadie se le escapa que si lo que más cuenta en el contacto personal con alguien es la imagen a primera vista, en una comida es precisamente el último recuerdo, el postre, el que puede deslucir u otorgar definitivo brillo a todo un menú. A ello se debe que en recientes años se hayan efectuado miles de pruebas de postres que permitan ser servidos

Página anterior arriba: también el queso merece mención en este punto, ya que son muchos los que lo eligen como postre. En la imagen, queso de «tetilla» gallego.
Abajo: la investigación de nuevos sabores es una tarea compleja. Los grandes cocineros —como Juan Mari Arzak, en la imagen junto a sus colaboradores— dedican parte de su tiempo a descubrir los platos que mejor representen las tendencias de la repostería moderna. También la decoración y presentación de la repostería pasa su proceso de análisis, con resultados tan espectaculares como el que vemos en la imagen de esta página; en este caso se emplea papel para forrar un pastel de chocolate que se corona con una flor de finas capas también de chocolate.

en plato, incluso en plato grande (de respeto), de tal forma que resulte posible jugar con la presentación, es decir con las formas; a la vez que se

pueda combinar sabores no conjugados hasta hoy, o se consiga disponer guarniciones e incluir salsas al modo de la cocina.

Así es como se ha llegado a un tipo de repostería moderna que, en gran parte, es lo clásico actualizado.

CONSEJOS Y TRUCOS EN REPOSTERÍA

Para la elaboración de crepes existe un tipo especial de sartén. En cualquier caso, si no la tuviésemos y quisiéramos

hacer crepes en una sartén normal, recomendamos antes «curarla» si ésta no fuera antiadherente. Esta curiosa expresión hace referencia a la operación consistente en calentar la sartén a fuego vivo con sal. Tras un golpe fuerte y breve, retíresela del fuego, quítesele la sal y límpiese el interior de la sartén con un trapo limpio y seco, o con un papel de cocina.

Para evitar que por oxidación oscurezca una fruta fresca al aire —caso, por ejemplo, de manzanas o peras—, exprímase unas gotas de limón que cubran la fruta, para así mantener la tonalidad natural de ésta.

En caso de que las natillas se corten, recomendamos no tirarlas; hay que apartarlas del fuego, dejarlas templar en el mismo cazo y pasarlas al cabo de pocos minutos por un chino fino, para batirlas ya templadas de nuevo con la ayuda de una varilla o batidor con el fin de que vuelvan a coger cuerpo y homogeneidad.

Una vez obtenida una pasta o masa —tras amasarla—,

recomendamos cubrirla con un paño húmedo e introducirla durante una hora en el refrigerador. De esta manera la masa reposará, y, al enfriarse, quedará algo más dura y compacta, momento en el cual podemos trabajarla con el rodillo sin riesgo de que se pegue, pudiéndose entonces estirarla más fácilmente.

Para hacer un merengue casero es preferible montar las claras a punto de nieve, y, cuando éstas hayan tomado cierta firmeza, agregar el azúcar y terminar el merengue mezclando bien.

En ocasiones, al montar la nata suele ocurrir que batimos en exceso, resultando que el suero y la grasa se separan. Si esto sucede, no debemos tirarla, pues habremos obtenido una mantequilla casera muy útil para enriquecer cualquier preparación repostera; para ello, únicamente deberemos escurrir la grasa resultante.

Básicamente, podemos hablar de dos tipos de harina de uso en repostería y cocina: harina floja y harina fuerte. La primera se detecta fácilmente: quedará más o menos compacta su forma si se coge un puñado de harina y se la aprieta con la mano. La harina fuerte utilizada en bollería ofrecerá una sensación muy diferente, pues al apretarla, se mantendrá tal cual. Este método ayuda a saber de manera rápida y efectiva qué tipo de harina tenemos «entre manos».

ARROZ DULCE AL AZAFRÁN

INGREDIENTES Y CANTIDADES
(para 4 personas)
2 vasos grandes de zumo de naranja
ralladura de una naranja
1/2 vaso de arroz
4 hebras de azafrán
1 puñado de almendras fileteadas y
  tostadas
gajos de naranja sin piel
3 cucharadas de azúcar o miel
  (al gusto)

ELABORACIÓN

Cuece el arroz con el zumo y la ralladura y remueve a fuego suave. Cuando esté casi cocido, unos 15 minutos, añade la miel o el azúcar con el azafrán y deja unos 5 minutos más al fuego hasta que esté a punto.

Reparte en cazuelitas individuales, y cuando esté frío, decora con la almendra tostada y unos gajos de naranja sin piel.

LA RECETA DE KARLOS ARGUIÑANO

BATIDO DE PLÁTANO CHOCOLATEADO

INGREDIENTES Y CANTIDADES
(para 6-8 personas)
300 g de plátanos pelados
1 copita de brandy
100 g de azúcar
100 g de chocolate a la taza
4 huevos
1 vaso de nata líquida
zumo de 2 limones
nata montada
menta
un poco de aceite

ELABORACIÓN

Macera los plátanos pelados y cortados en rodajas en el zumo de limón. Haz un jarabe calentando el brandy y el azúcar, añade el plátano y el chocolate y deja que éste se deshaga.

Colócalo para batir, añade los huevos uno a uno y el vaso de nata líquida.

Cuájalo en el horno durante 30 minutos a 160-170 °C, metiéndolo previamente en un molde aceitado. Por último, desmolada y sírvelo adornado con nata montada y menta.

BISCUIT DE FRAMBUESAS

INGREDIENTES Y CANTIDADES
(para 4 personas)
250 g de frambuesas
4 claras
200 g de azúcar glas
3 dl de nata
3 plátanos

Para la crema:
200 g de frambuesas
2 dl de nata
1/2 copa de licor de naranja
azúcar al gusto

ELABORACIÓN

Bate las claras a punto de nieve y añade el azúcar glas. Luego, agrega las frambuesas trituradas y pasadas por el chino o colador. Echa la nata montada, mezcla bien y pasa a un molde. Después, mételo en el congelador unas 4 horas.

Para hacer la crema, tritura las frambuesas con el azúcar y el licor de naranja y añade la nata.

Para servir, acompaña el biscuit con la crema y adórnalo con los plátanos cortados en rodajas.

LA RECETA DE KARLOS ARGUIÑANO

BIZCOCHO DE YOGUR

INGREDIENTES Y CANTIDADES
(para 4 personas)
1 yogur natural
3 medidas de yogur de harina
2 medidas de yogur de azúcar
1 cucharada de aceite
1 sobre de levadura
3 huevos
ralladura de limón
nata montada
guindas

ELABORACIÓN

Monta 3 huevos. Con cuidado, agrega el azúcar y mezcla. Después, el yogur, poco a poco, y mezcla bien. A continuación, echa la harina, la ralladura de limón y una cucharada de aceite. Mezcla todo con fundamento. Por último, agrega la levadura en polvo.

Unta un molde con mantequilla y vierte en él la mezcla para el bizcocho. Mete en el horno caliente a 160 °C durante 1 hora aproximadamente. Saca y deja enfriar.

Desmolda en frío y adorna el bizcocho con nata montada y unas guindas.

BOMBA HELADA

INGREDIENTES Y CANTIDADES

(para 4 personas)
1 l de nata
100 g de azúcar en polvo
piñones
150 g de chocolate fondant rallado
1 bizcocho de 500 g
100 g de avellanas molidas

Para decorar:
cacao
azúcar en polvo

ELABORACIÓN

El primer paso es montar la nata. Cuando la tengas a punto, incorpórale con cuidado el azúcar, los piñones, las avellanas y el chocolate. Forra un molde en forma de cúpula con una capa de bizcocho (se puede emborrachar a gusto). Vierte dentro la crema de la nata montada. Cubre con otra capa de bizcocho. Mételo una hora en el congelador. Pasado este tiempo, sácalo y dale la vuelta al molde sobre una fuente de servicio, con el fin de sacar la bomba. Adorna cubriendo la mitad con azúcar y la otra mitad con cacao.

BRAZO DE GITANO

INGREDIENTES Y CANTIDADES
(Para 6-8 personas)
Para el bizcocho:
4 huevos
100 g de azúcar
100 g de harina
1 sobre de levadura
azúcar glas

Para el relleno:
200 g de crema pastelera

ELABORACIÓN

Bate las yemas con la mitad del azúcar hasta que estén espumosas. Monta las claras a punto de nieve, y cuando estén casi montadas, añade el resto del azúcar y agrégaselo a las yemas. Bate bien la mezcla.

Añade después la harina con la levadura mezclando con una espátula.

Coloca un papel de cebolla en una placa de horno y extiende sobre él la masa. Hornea a temperatura media (160-170 °C) hasta que el bizcocho esté hecho. Tardará unos 10 o 12 minutos.

Después, colócalo sobre la mesa de trabajo y ya frío cúbrelo con la crema pastelera. Enróllalo poco a poco y con cuidado para que no se rompa. Espolvorea con azúcar glas y sirve.

BROCHETA DE FRUTAS

INGREDIENTES Y CANTIDADES

(para 4 personas)
1 plátano
1/4 de piña
1 kiwi
1 manzana
1/2 mango
8 fresas
1 ciruela
1 copa de brandy
200 g de azúcar

ELABORACIÓN

Trocea la fruta y ponla a macerar con el azúcar y el brandy por espacio de 30 minutos. Ensarta la fruta y colócala en la barbacoa (4 minutos por cada lado), espolvoreándola con azúcar hasta que ésta empiece a caramelizarse. Acompaña las brochetas con el brandy azucarado reducido.

LA RECETA DE KARLOS ARGUIÑANO

BUÑUELOS DE MANZANA

INGREDIENTES Y CANTIDADES
(para 4 personas)
4 manzanas
2 copas de anís y azúcar
   para macerar
aceite
azúcar glas o normal
natillas
canela en polvo

Para la pasta:
50 g de azúcar
2 huevos
150 cc de leche
una pizca de sal
1 sobre de levadura en polvo
150 g de harina

ELABORACIÓN

Pela y corta las manzanas en trozos no muy grandes sin corazón y
ponlas a macerar con el anís y el
azúcar. Para preparar la pasta: mezcla bien la harina, el azúcar y el
sobre de levadura. Añade después la
leche hasta obtener una pasta sin
grumos. Agrega una pizca de sal y
los huevos. Bátelo todo muy bien.
Después, pasa los trozos de manzana
por la pasta y fríelos en abundante
aceite caliente hasta que se doren.
Por último, escúrrelos de aceite y sírvelos. Acompaña el postre con unas
natillas en el fondo de la fuente y
espolvorea con azúcar glas o normal
y una pizca de canela.

CÍTRICOS A LA MENTA

INGREDIENTES Y CANTIDADES
(para 4 personas)
2 naranjas
1 pomelo
1 limón
1 cucharada de azúcar
menta fresca
1/2 copa de licor
1 kiwi

ELABORACIÓN

Pela la fruta y trocéala. La naranja, el limón y el pomelo en gajos, y el kiwi en rodajas.

Coloca los gajos de naranja en forma de círculo en un plato. Intercala gajos de pomelo entre los de naranja. En el centro del círculo pon el limón y cúbrelo con el kiwi en rodajas. Espolvorea azúcar por encima.

Con una naranja haz zumo y mézclalo con un poco de licor. Con esta mezcla rocía toda la fruta y adórnala con unas hojitas de menta fresca.

COMPOTA

INGREDIENTES Y CANTIDADES

(para 4 personas)

8 manzanas
8 higos
4 orejones de melocotón
4 orejones de albaricoque
un puñado de pasas de corinto
4 ciruelas pasas
1/2 l de vino tinto
1/4 l de agua
4 cucharadas de azúcar
1 rama de canela

ELABORACIÓN

En una cazuela pon 1/4 litro de vino y un vaso grande de agua, y llévalo al fuego. Cuando esté a punto de hervir, incorpora toda la fruta bien limpia, pelada y troceada. También pon el azúcar y la rama de canela. A las manzanas, además de pelarlas, les habrás quitado el corazón y las habrás partido en trozos. Deja la cazuela al fuego para que hierva durante 1/2 hora.

Transcurrido este tiempo, agrega el resto del vino y de agua y deja otros 5 minutos al fuego. Después, pásalo todo a una fuente y sirve.

COPA DE MELOCOTÓN

INGREDIENTES Y CANTIDADES
(para 4 personas)

1 bote de melocotón en almíbar
250 g de nata montada
4 bolas de helado de fresa
1 hoja de menta
1 puñado de almendras
   garrapiñadas
canela en polvo
guindas
4 cucharadas de azúcar

ELABORACIÓN

Llena las copas con la bola de helado respectiva. Encima pon unas cucharadas de nata montada y azucarada. A continuación, corta el melocotón en gajos y coloca éstos montados sobre el borde de la copa.

Adorna con la almendra tostada fileteada, un poco de canela en polvo y una hoja de menta.

CREMA A LA CATALANA

INGREDIENTES Y CANTIDADES
(para 6 personas)
1 l de leche
6 yemas de huevo
150 g de azúcar
4 cucharadas de harina de maíz
   refinada
1 palo de canela
1 corteza de limón
aceite para untar

Para el caramelo:
azúcar
agua
unas gotas de zumo de limón

ELABORACIÓN

Hierve la leche, reservando un poco, con la canela y la corteza de limón. En un bol, pon las yemas, un poco de leche fría y bate. A continuación, agrega el azúcar y la harina de maíz refinada, mezclándolo todo bien. Echa sobre la leche (sin canela y sin limón) la mezcla de las yemas y retira del fuego. Remueve sin parar hasta que espese. Después, sírvelo en cuencos individuales o platos y deja que enfríe.

Prepara un caramelo espeso, calentando el agua con el azúcar y unas gotas de zumo de limón. Unta con aceite una hoja de papel antiadherente, echa sobre ella 2 o 3 cucharadas de caramelo, dobla la hoja por la mitad y estíralo con ayuda de un rodillo. Déjalo enfriar y despega el caramelo. Por último, coloca encima de la crema trocitos de caramelo y sirve.

CREPES DE NARANJA Y CREPES DE PASAS

INGREDIENTES Y CANTIDADES
(para 4 personas)
130 g de harina
50 g de azúcar
5 g de sal fina
3 huevos
40 g de mantequilla
350 g de leche
6 cucharadas de Grand Marnier

Para el relleno de naranja:
2 naranjas
1 cucharadita de azúcar
20 g de mantequilla
1 copa de brandy

Para el relleno de pasas:
50 g de mantequilla
100 g de pasas
1/2 vaso de brandy

100 g de azúcar
zumo de naranja

ELABORACIÓN
Para los crepes (pasta):
    Bate los huevos con el azúcar, la sal y la leche. Luego, añade a la mezcla poco a poco la harina y bate con cuidado de que no se formen grumos.

    Unta con un poco de mantequilla una sartén de unos 18 centímetros de diámetro. Vierte pasta suficiente para cubrir el fondo. Mueve el crepe para que no se pegue. Cuando esté dorado de un lado, dale la vuelta para que se dore del otro.

Para el crepe de naranja:
    Pela las naranjas y córtalas en lonchas. Con ello rellena el crepe. En una sartén con mantequilla flambea el brandy y posteriormente incorpora el crepe.

Para el crepe de pasas:
    Ten las pasas un par de horas en remojo con el brandy; sácalas y con ellas rellena el crepe. Sobre las pasas pon azúcar y mantequilla y cierra el crepe. Seguidamente ponlo en una sartén con zumo de naranja. Unos cinco minutos.

LA RECETA DE KARLOS ARGUIÑANO

CUP DE FRUTAS

INGREDIENTES Y CANTIDADES
(para 4 personas)
3/4 de l de vino de sauternes
    dulce u otro vino afrutado
2 plátanos
100 g de grosellas y frambuesas
1 melocotón en almíbar
10 guindas en dulce de azúcar
    (verdes y rojas)
azúcar
hielo picado

ELABORACIÓN
Pela el plátano y córtalo en roda-jas finas, y parte las guindas en cuartos y el melocotón en trozos pequeños.

En un bol echa el vino y el azúcar al gusto de forma que la mezcla quede bien dulce. A continuación, añade las frutas y guárdalo en el fri-gorífico durante 2 o 3 horas.

Al servir en las copas añade un poco de hielo picado.

EMPANADILLAS DE FRUTAS

INGREDIENTES Y CANTIDADES

(para 4 personas)
200 g de hojaldre
4-6 manzanas
20 frambuesas
100 g de crema pastelera
canela en polvo
1 ramita de canela
huevo batido
agua
aceite
azúcar

Para acompañar:
crema de frambuesas
natillas

ELABORACIÓN

Estira el hojaldre y corta círculos del tamaño de la palma de la mano.

Cuece las manzanas peladas y cortadas en cuartos con un poco de agua, azúcar y canela en rama como para hacer compota.

Coloca en cada trozo de hojaldre una cuchara de crema pastelera junto con un trozo de manzana y 2 o 3 frambuesas. Cierra y sella con un tenedor los bordes del hojaldre, que habrás untado con huevo batido.

En una sartén con abundante aceite caliente fríe las empanadillas vuelta y vuelta.

Por último, espolvorea con azúcar y canela en polvo y sírvelas acompañadas de las cremas.

LA RECETA DE KARLOS ARGUIÑANO

FLAN DE NARANJA

INGREDIENTES Y CANTIDADES
(para 4 personas)
1 vaso de azúcar
1 vaso de zumo de naranja
6 huevos
200 g de azúcar para el
*   caramelo*
1 naranja
nata montada
cacao en polvo

ELABORACIÓN

Mezcla bien el vaso de azúcar con el zumo de naranja y los huevos batidos hasta que se disuelva el azúcar.

Carameliza un molde con azúcar y vierte la mezcla en el mismo.

Mete en el horno, al baño maría, a 180 °C durante 40 minutos. Retira y deja enfriar. Desmolda y pon el flan en un plato.

Para servir, adorna con gajos de naranja y bolitas de nata montada alrededor. Por encima del flan pon cacao en polvo.

FRITOS DULCES

INGREDIENTES Y CANTIDADES
(para 4 personas)
1/2 barra de pan del día anterior
2 o 3 huevos
1 l de leche aproximadamente
8 cucharadas grandes de azúcar
1 cucharada de canela
aceite
1 vaso de agua

Para decorar:
nata montada
unas hojitas de menta

ELABORACIÓN
Remoja el pan desmigado en la leche, y cuando esté bien empapado agrega los huevos mezclándolo todo bien. Si la masa queda demasiado blanda, añádele más pan duro.

En una sartén con aceite caliente, fríe montoncitos de la masa hasta que se doren, dándoles la vuelta para que se hagan bien por todos lados.

En una cazuela aparte, tuesta el azúcar y después agrégale el agua y la canela.

Por último, incorpora los fritos y deja que cuezan a fuego lento durante unos minutos hasta que estén tiernos.

Sírvelos en cuencos acompañados con el caramelo, un poco de nata montada y unas hojitas de menta.

LA RECETA DE KARLOS ARGUIÑANO

HELADO DE PLÁTANO CON CHOCOLATE

INGREDIENTES Y CANTIDADES
(para 4 personas)
3-4 plátanos
50 g de azúcar
1/4 l de nata líquida
1/2 limón
chocolate hecho

ELABORACIÓN

Con ayuda de una batidora, haz un puré con los plátanos pelados y troceados, el azúcar y el zumo de medio limón.

Añade poco a poco este batido sobre la nata semimontada y mezcla cuidadosamente hasta obtener una pasta cremosa. Repártela en unas copas y ponlas en la parte más fría de la nevera durante 3 o 4 horas.

A la hora de servir, adorna el helado de plátano con un buen chorro de chocolate hecho.

KIWIS GRATINADOS

INGREDIENTES Y CANTIDADES
(para 4 personas)
3 kiwis
1 mango
1 vaso de nata líquida
3 yemas de huevo
4 cucharadas de azúcar
1 copita de brandy

ELABORACIÓN

Pela los kiwis y córtalos en rodajas. Pela el mango y pártelo también en lonchas. Colócalo todo en una fuente de horno.

En un bol, mezcla las yemas, el azúcar, el brandy y la nata. Rocía con esta crema la fruta, gratínalo durante 3 o 4 minutos y sirve.

LA RECETA DE KARLOS ARGUIÑANO

LECHE FRITA

INGREDIENTES Y CANTIDADES
(para 4 personas)
1/2 litro de leche
90 g de azúcar
60 g de harina
2 huevos
1/2 ramita de canela
aceite
una pizca de vainilla
2 cortezas de limón
harina
huevo para rebozar
azúcar
canela en polvo

ELABORACIÓN
En un bol mezcla bien el azúcar, la harina y parte de la leche. Cuando esté todo disuelto, añade los 2 huevos y sigue mezclando. Mientras tanto, pon a calentar el resto de la leche con la vainilla, la canela y una cáscara de limón. Junta la mezcla del bol con la leche caliente y ponlo todo a calentar para que espese, sin parar de remover evitando que se pegue. A continuación, deja enfriar la crema en una fuente, retirando la canela y el limón. Corta la masa en cuadros, pásalos por harina y huevo y fríelos en aceite bien caliente con una cáscara de limón.

Sirve la leche frita espolvoreada con azúcar aromatizada con canela.

MANZANAS ASADAS CON SALSA DE VINO

INGREDIENTES Y CANTIDADES
(para 4 personas)
8 manzanas reinetas
100 g de frutos secos (avellanas,
     pistachos...)
2 cucharadas de azúcar
30 g de margarina o
     mantequilla
1/2 vaso de agua

Para la salsa:
1 huevo
1 yema
1/2 sobre de levadura
zumo de 1/2 limón
2 cucharadas de azúcar
1 vaso de vino blanco

ELABORACIÓN

Pica los frutos secos y mézclalos con el azúcar y la margarina. Limpia las manzanas, hazles un corte longitudinal en la piel y quítales el corazón. Rellénalas con la mezcla y espolvorea con un poco de azúcar.

Mete en el horno con 1/2 vaso de agua durante 20-30 minutos a 160 °C.

Salsa: bate el huevo, la yema y la levadura hasta que monte un poco con el zumo de limón y el azúcar. Cuando esté montado, y sin parar de mover, añade el vino despacio, y ponlo al fuego para calentarlo batiendo.

Sirve las manzanas y rocía con la salsa. Puedes decorar con unas hojitas de menta y cáscara de naranja en juliana.

La receta de Karlos Arguiñano

Mousse de chocolate

Ingredientes y cantidades
(para 4 personas)
175 g de chocolate negro
30 g de mantequilla
4 huevos
80 g de azúcar
1 copita de licor de cerezas, ron o
    brandy
virutas de chocolate

Elaboración

Deshaz el chocolate y la mantequilla al baño maría removiendo con cuidado. Una vez deshecho, añade el azúcar y las yemas batidas poco a poco sin dejar de remover. Después, agrega el licor. Deja enfriar y, mientras tanto, monta las claras a punto de nieve y añádelas al chocolate, mezclándolo bien. Reparte el mousse en copas individuales y mételas en la nevera durante 2 horas, por lo menos.

Por último, adorna con las virutas de chocolate y, si quieres, con unas hojas de menta.

PASTEL DE GALLETAS

INGREDIENTES Y CANTIDADES
(para 4 personas)
18 galletas
1 naranja
el zumo de una naranja
1 plátano
200 g de crema pastelera
8 fresas
1/2 l de nata
2 copas de brandy

ELABORACIÓN

Fabrica una primera capa de 6 galletas y emborráchalas con brandy y un poco de zumo de naranja. A continuación, cubre las galletas con una pasta de crema pastelera. Después, coloca una segunda capa con rodajas de naranja, y sobre éstas otra capa de galletas emborrachadas y cubiertas finalmente por crema pastelera.

Por último, coloca una capa de plátano cortado en rodajas en el perímetro del pastel.

Para adornar el pastel, utiliza nata y fresas.

LA RECETA DE KARLOS ARGUIÑANO

PASTEL DE UVA

INGREDIENTES Y CANTIDADES
(para 4 personas)
1 kg de uvas
175 g de harina
175 g de azúcar
3 huevos
chorrito de aceite
1 pizca de levadura
1 pizca de sal
chorro de ron
1/2 vaso de agua templada
azúcar glas
crema de grosellas

ELABORACIÓN
Bate bien los huevos y mezcla con la harina y el azúcar. Agrega un cho-rrito de aceite y sigue mezclando con la levadura. Por último, agrega un poquito de ron y poco a poco el agua templada hasta conseguir hacer una masa. Una pizca de sal y vierte en un molde untado. Coloca las uvas enci-ma y mete en el horno durante 40 minutos a 180 °C. Saca y espera que se enfríe; desmolda.

Para servir, rocíalo con azúcar glas y acompáñalo con una crema de grosellas.

Peras a la crema

Ingredientes y cantidades

(para 4 personas)
4 o 6 peras
1/2 limón
200 g de azúcar
1/2 litro de natillas
1 nuez de mantequilla
canela en polvo
hojas de menta
agua
un puñado de grosellas

Elaboración

Cuece las peras en agua con azúcar, la mantequilla y el 1/2 limón a fuego lento unos 20 minutos.

Cuando estén tiernas, escúrrelas y deja que enfríen. Cubre el fondo del plato con natillas, coloca las peras en forma de abanico, pon en el centro las grosellas, espolvorea con canela y adorna el postre con las hojas de menta.

LA RECETA DE KARLOS ARGUIÑANO

PUDIN DE FRUTAS DEL BOSQUE

INGREDIENTES Y CANTIDADES
(para 4-6 personas)
500 g de frutos limpios (moras,
    grosellas, frambuesas, higos...)
75 g de mantequilla
100 g de azúcar con vainilla
100 g de azúcar
100 g de harina
zumo de limón

Para adornar:
nata montada
grosellas

ELABORACIÓN

Coloca las frutas en una fuente de hornear (si son grandes, como los higos, pelados y troceados) y vierte sobre ellas el azúcar de vainilla y el zumo de limón.

Aparte, en un recipiente mezcla el azúcar con la mantequilla blanda; después, echa la harina y trabaja la mezcla hasta que quede cremosa.

Cubre las frutas con esta mezcla cremosa y hornéalo todo durante 40 minutos y poniendo el termostato del horno a 180 °C.

Por último, adórnalo con nata montada y unas grosellas.

Puedes comer este pudín frío o caliente.

ROSQUILLAS FRITAS

INGREDIENTES Y CANTIDADES
(para 6-8 personas)
1 taza de leche
1/2 taza de aceite
una corteza de naranja
1/2 taza de anís
1/2 taza de azúcar
1 huevo
1 sobre de levadura
harina (la que admita)
aceite de oliva para freír

Para adornar:
azúcar
canela en polvo

ELABORACIÓN

Hierve la leche con el aceite, el anís y la corteza de naranja. Después, añade el azúcar y deja templar.

En un bol pon 2 tazas de harina junto con la levadura y ve incorporando la leche templada con el resto de los ingredientes, más el huevo batido.

Cuando esté todo bien mezclado, añade más harina, poco a poco, hasta que la masa quede bien dura. Ve dándole forma de rosquillas y fríelas en abundante aceite, no muy caliente (resulta mejor el de 0,4°).

Por último, sirve las rosquillas y espolvoréalas con azúcar mezclada con canela en polvo.

LA RECETA DE KARLOS ARGUIÑANO

SOUFFLÉ CASERO

INGREDIENTES Y CANTIDADES
(para 4 personas)
3 plátanos
16 bizcochos de espuma o soletilla
1 vasito de ron
3 claras de huevo
4 cucharadas de azúcar

ELABORACIÓN

Pon los bizcochos troceados en remojo con el ron.

Pela los plátanos y córtalos en rodajas.

Coloca en unos moldes individuales, de forma alternativa, varias capas de bizcocho y plátano.

Monta a punto de nieve las claras, añadiendo el azúcar cuando estén casi montadas, y cubre con ellas los moldes. Por último, mételos en el horno, calentado anteriormente, y gratínalos durante un minuto aproximadamente, hasta que estén dorados.

TARTA DE HIGOS

INGREDIENTES Y CANTIDADES
(para 6-8 personas)
200 g de pasta quebrada
200 g de crema pastelera
12 higos
4 cucharadas de nata montada
un puñado de frambuesas
un puñado de grosellas
canela en polvo
unas hojitas de menta

ELABORACIÓN

Forra un molde con la pasta quebrada bien estirada. Hornéalo hasta que quede como una galleta y déjalo enfriar. A continuación, extiende en el fondo la crema pastelera. Coloca sobre ella los higos pelados y abiertos por la mitad. Hornea la tarta durante 3 minutos a horno fuerte.

Por último, desmóldala y decora con la nata montada, las frambuesas y las grosellas. Espolvorea con canela en polvo y sirve con unas hojitas de menta.

LA RECETA DE KARLOS ARGUIÑANO

TARTA DE PASAS Y NUECES

INGREDIENTES Y CANTIDADES
(para 6-8 personas)
1 huevo
200 g de azúcar
30 g de mantequilla
1/2 litro de leche
1 chorrito de anís dulce
350 g de harina
1 sobre de levadura
100 g de nueces peladas
100 g de pasas de corinto
mantequilla para untar el molde
azúcar glas
mermelada de frutas

ELABORACIÓN

Mezcla el huevo, el azúcar y la mantequilla, que deberá estar a temperatura ambiente, hasta hacer una crema; añade después la harina con la levadura, mézclalo, y añade la leche poco a poco. Vierte el anís, y bate todo bien hasta que no tenga grumos. Entonces, añade las pasas y las nueces un poco picadas y pasadas por harina. Vierte la mezcla en un molde untado con mantequilla y mételo en el horno unos 40 minutos a 180 °C. Pasado este tiempo, desmolda la tarta y espolvoréala con azúcar glas. Una vez en la mesa, puedes acompañarla de una mermelada de frutas.

TARTA DE QUESO

INGREDIENTES Y CANTIDADES
(para 4-6 personas)
300 g de queso fresco
100 cc de leche
100 g de azúcar
100 g de mantequilla
50 g de harina
1 huevo
pasta quebrada
mermelada de melocotón

ELABORACIÓN

Bate en un bol la mantequilla, el huevo y el azúcar, ayudándote con una varilla. Añade después, mezclando, el queso fresco, y, por último, la harina y la leche. Bate bien la masa con ayuda de la batidora.

Forra el fondo de un molde con pasta quebrada y hornéala. Coloca la masa encima y vuelve a hornear durante 30 minutos aproximadamente a 180 °C.

Desmolda la tarta y báñala con mermelada de melocotón.

También puedes adornar la tarta con mermeladas de diferentes sabores (frambuesa, melocotón, arándanos, fresas, etc.).

TRUFAS DE CHOCOLATE

INGREDIENTES Y CANTIDADES
(para 6-8 personas)
300 g de chocolate negro
200 g de chocolate blanco
1 bote de leche condensada
100 g de mantequilla
1 chorrito de brandy
fideos de chocolate
azúcar glas
chocolate en polvo

ELABORACIÓN

Deshaz al baño maría el chocolate, y cuando comience a derretirse añade la mantequilla y mézclalo todo bien. Después, agrega el chorrito de licor poco a poco y la leche condensada, removiendo hasta obtener una masa homogénea. Deja que enfríe la masa dentro de la nevera durante 4 horas aproximadamente para que quede dura (si tienes prisa, la puedes meter en el congelador menos tiempo). Pasado este tiempo, coge porciones de masa con ayuda de una cuchara y con las manos dales forma redondeada. Por último, cubre las trufas con fideos de chocolate, azúcar glas o lo que hayas elegido para la cobertura.

BISCUIT HELADO DE CACAO AMARGO CON GELATINA DE NARANJA

INGREDIENTES Y CANTIDADES
(para 4 personas)
Para el biscuit:
75 g de yemas
75 g de claras
250 g de chocolate (cobertura)
300 g de nata líquida
50 g de zumo de naranja
90 g de azúcar
25 g de agua
3 cucharadas de cacao en polvo

Para la gelatina de naranja:
250 g de zumo de naranja
30 g de corteza de naranja
    confitada y picada
5 g de menta fresca
10 g (unas 5 hojas) de gelatina
    alimentaria

Para las galletas de naranja*:
200 g de azúcar
150 g de harina
75 g de zumo de naranja
50 g de mantequilla
1/2 cáscara de naranja rallada
*Las cantidades son para más de 4
raciones; sobrará para otros usos.

Para decorar:
100 g de chocolate negro derretido
40 g de nata líquida
menta picada

ELABORACIÓN
Para el biscuit:
Pon a hervir en un cazo el agua y
el zumo de naranja hasta alcanzar
los 125 °C.

Mezcla en un bol las yemas y las
claras. Móntalas con ayuda de una
batidora. Añade la preparación
anterior con mucho cuidado y sigue
montando.

Monta la nata, a la que añadirás
el chocolate previamente derretido.
A esta nata montada con chocolate
agrégale la mezcla anterior.

Vierte esta preparación en moldes
individuales alargados. Congela
durante aproximadamente 24 horas.

Para la gelatina de naranja:
Pon a fuego en un cacillo una
cucharada de zumo de naranja.
Cuando hierva, retíralo del fuego y
disuelve en él la gelatina.

Mezcla el resto de ingredientes en
frío, a los que añadirás la gelatina
disuelta. Una vez hecho esto, coloca
la preparación en el frigorífico hasta
que se gelatinice.

Para las galletas de naranja:
Mezcla el azúcar con la harina y
la mantequilla diluida. Vierte el
zumo y la corteza de naranja picada.
Homogeneíza todo hasta que quede

LA RECETA DE JUAN MARI ARZAK

una pasta ligada. *Coloca ésta en moldes individuales o dales forma de galletas en una bandeja. Mételos en el horno a 180 °C durante 5 minutos como máximo (hasta que tomen color).*

Final y presentación:

Desmolda cada biscuit y colócalo en un lado del plato. Espolvorea por encima con un poco de cacao en polvo.

Apoya o clava una galleta en un costado del biscuit.

Dibuja en el otro lado del plato una raya de chocolate diluido.

Alrededor del biscuit, distribuye la gelatina de naranja previamente troceada en daditos pequeños.

Decora asimismo con la menta picada por todo el plato. Así en los cuatro platos.

BIZCOCHO DE PISTACHO CON PERA ASADA

INGREDIENTES Y CANTIDADES
(para 4 personas)
75 g de pistacho en pasta
100 g de azúcar
65 g de yemas
60 g de harina
170 g de claras
pistachos pelados

Para la pera al horno:
1 kg de pera blanquilla
1 bolsita de té
150 g de azúcar
200 g de agua
50 g de aguardiente de pera

Para la decoración de chocolate:
1/4 kg de chocolate negro
   (cobertura)
1/4 kg de chocolate blanco
   (cobertura)

Para la salsa de cominos, pimienta y piña:
1/2 kg de piña
100 g de ron
150 g de azúcar
1 pizca de cominos
1 pizca de pimienta

Para la decoración al caramelo (optativa):
200 g de azúcar
100 g de agua

ELABORACIÓN
Mezcla la pasta de pistacho con 50 g de azúcar. Añade los 65 g de yemas y 40 g de claras. Monta con 130 g de claras y los otros 50 g de azúcar a punto de nieve. Añade a la preparación la harina. Mézclalo todo.

Hornea esta preparación extendida sobre una placa (mejor, de silpat) a 180 ºC de 5 a 7 minutos (dependiendo del grosor del bizcocho). Transcurrido ese tiempo, saca y corta en trozos rectangulares. Reserva.

Para la pera al horno:
Asa la pera sin pelar con el azúcar, el té, el agua y el aguardiente durante 1 hora a 170 ºC. Pasado este tiempo, tritura retirando la bolsita de té y pásalo todo por un chino. Quedará un puré muy fino.

Para la decoración de chocolate:
Derrite los chocolates y témplalos.

Extiende sobre una hoja de plástico el chocolate negro y dibuja a gusto con un peine (especial para trabajar el chocolate). Deja cristalizar y agrega encima el chocolate blanco. Extiende rápidamente y deja todo muy fino. Antes de que cristalice (dependiendo de la temperatura), corta con un cuchillo la forma que quieras darle (en este caso, en forma *de agujas de catedral). En caso de que cristalizase, corta la forma que quieras pero con un cuchillo caliente para evitar que se rompa.*

Para la salsa de cominos, pimienta y piña:

Tritura la carne de piña y cuélala por un chino.

Carameliza el azúcar y añade el caldo de piña y el resto de los ingredientes. Pon todo en un cazo a fuego suave y deja reducir a la mitad. Después, filtra.

Final y presentación:

Coloca en el centro del plato, por capas, las láminas del bizcocho de pistacho y el puré de pera. Pon encima unos pistachos enteros y pelados.

Bordea el bizcocho con las agujas de chocolate, añadiendo alrededor la salsa. Si así lo quieres, corónalo todo con hilos de caramelo hecho con los ingredientes señalados, a 160 ºC. Así en los cuatro platos.

BORRACHO AL AGUARDIENTE MIRABELLE CON SALSA DE YOGUR Y SALSA DE CIRUELAS

INGREDIENTES Y CANTIDADES
(para 4 personas)

Para el bizcocho:
500 g de harina
50 g de azúcar
20 g de levadura prensada
1/4 l de leche
8 huevos
175 g de mantequilla
1 pizca de sal
1 pizca de mantequilla

Para emborrachar:
1/2 l de agua
400 g de azúcar
2 cucharadas de miel
1 copa de aguardiente Mirabelle

Para la salsa de yogur:
150 g de yogur artesano y natural
50 g de azúcar
80 g de nata
50 g de leche

Para la salsa de ciruelas:
100 g de ciruelas frescas (en su defecto, secas)
70 g de azúcar

Además:
50 g de pistachos pelados
menta picada

ELABORACIÓN

Para el bizcocho:

Pon en un bol los ingredientes, salvo la harina, la mantequilla y los huevos. Mézclalos bien para que se disuelva el azúcar.

Aparte, derrite la mantequilla y añádela al conjunto. Agrega la harina mezclando bien, así como los huevos, añadiendo éstos de uno en uno para conseguir una consistencia muy floja. Deja descansar la mezcla durante 30 minutos. Vuelve entonces a trabajar la masa, que ya habrá subido un poco. A continuación, introduce la masa en una manga pastelera con boquilla ancha y lisa. Engrasa los moldes individuales (en los que habrás de hornear los pasteles). Rellénalos con la masa sólo hasta la mitad. Hornea a 180 °C durante 15 a 20 minutos.

Transcurrido este tiempo, saca los pasteles del molde y déjalos enfriar.

Para emborrachar:

Haz un jarabe flojo con todos los ingredientes (punto 1º de concentración). Cuando esto suceda, y todavía hirviendo, emborracha los pasteles con suma delicadeza para que no se rompan. Mantenlos en el jarabe 5 minutos por cada lado. Después, escúrrelos en una rejilla.

LA RECETA DE JUAN MARI ARZAK

Para la salsa de yogur:

Bate todos los ingredientes en frío hasta lograr una mezcla homogénea y ligera.

Para la salsa de ciruelas:

Pon a hervir lentamente todos los ingredientes a fuego muy lento. Cuando las ciruelas estén bien cocidas y muy blandas, tritúralas y cuélalas. Déjalas enfriar.

Presentación:

Coloca en el centro del plato el borracho partido en dos trozos. Dispón alrededor, de forma irregular, la salsa de yogur, intercalando unas pinceladas de la salsa de ciruelas. Adorna con pistachos y menta picada. Así en los cuatro platos.

CANUTILLOS DE CHOCOLATE BLANCO CON MOUSSE DE CIRUELAS Y PATATAS GLASEADAS A LA VAINILLA

INGREDIENTES Y CANTIDADES
(para 4 personas)
Para el aceite de vainilla:
200 g de azúcar
6 vainas de vainilla rascadas
200 g de agua
75 g de aceite de girasol

Para las patatas a la vainilla:
100 g de patatas en bolitas
500 g de agua
100 g de azúcar
3 ramas de vainilla

Para los canutillos de chocolate:
300 g de chocolate blanco

Para la mousse de ciruelas:
250 g de ciruelas pasas
100 g de azúcar
5 g de té
300 g de nata montada a tres
    cuartos

Además:
corteza de naranja
menta fresca

ELABORACIÓN
Para el aceite de vainilla:
Menos el aceite, pon el resto de ingredientes en un cazo al fuego, y deja que hierva poco tiempo. Retíralos y deja que el todo se enfríe; cuando esto suceda, añade el aceite. Es conveniente dejar macerar el conjunto durante 2 días.

Para las patatas a la vainilla:
Pon en un cazo el agua con el azúcar y las vainas de vainilla rascadas. Haz un almíbar ligero. En este almíbar cuece las bolitas de patata, exactamente hasta que estén blandas pero no deshechas.

Para los canutillos de chocolate:
Derrite y templa el chocolate. Espárcelo muy fino sobre láminas de plástico rectangulares y pequeñas. Recógelas dándoles forma de canutillo, sujetándolos con una cinta adhesiva. Deja enfriar un par de horas.

Para la mousse de ciruelas:
Cuece las ciruelas con el azúcar y el té. Una vez cocidas y ya tibias, escurre el líquido. Tritúralas y mézclalas suavemente con la nata, reservando alguna ciruela cocida para decoración del plato.

La receta de Juan Mari Arzak

Final y presentación:

Retira la cinta adhesiva y el plástico de cada canutillo. Con ayuda de una cucharita pequeña, o, mejor, una manga pastelera, rellena cada canutillo con la mousse.

Coloca los canutillos de pie, y alguno tumbado de forma irregular, sobre cada plato. En un costado de éste deposita una cucharada de aceite de vainilla. Dispón alrededor de los canutillos unas bolitas de patatas glaseadas, así como ciruelas cocidas en té. Espolvorea por encima de los canutillos con el polvo de cáscara de naranja seca*. También puedes decorar con menta bien picada o en hojas.

*Para el polvo de cáscara de naranja seca basta con rallar finamente la cáscara de naranja y dejarla secar durante 5 días en un lugar seco y caliente.

CANUTILLOS FRITOS RELLENOS DE CREMA DE CASTAÑAS CON SALSA DE CHOCOLATES DIVERSOS

INGREDIENTES Y CANTIDADES
(para 4 personas)
Para los canutillos:
100 g de leche
100 g de aceite de oliva
185 g de harina
1 cáscara de naranja
2 dl de aceite de oliva (aparte)

Para la crema de castañas:
200 g de castañas peladas en crudo
1 vainilla en rama
100 g de azúcar
1/2 l de agua
75 g de azúcar moreno
200 g de nata semimontada

Para la salsa de chocolates diversos:
100 g de chocolate blanco
100 g de chocolate lacteado
100 g de chocolate negro
150 g de agua

Además:
4 cucharadas de azúcar glas
4 castañas glaseadas (marrón glacé)
menta en hojas
menta picada

ELABORACIÓN
Para los canutillos:

Pon en una cazuela el aceite con la corteza de naranja y lleva a ebullición. Retira entonces el aceite y colócalo en un bol grande, quitando la corteza de naranja. Deja enfriar. Una vez que esto suceda, añade a este aceite la leche y la harina tamizada. Remueve hasta formar una masa compacta, que se pueda extender sobre una mesa de mármol. Estira porciones de esta masa con la ayuda de un rodillo hasta dejarla muy fina. Recógela un poco con la mano y envuélvela en unos moldes en forma de cilindro (especiales para canutillos). Fríe todo en abundante aceite caliente hasta que esté dorado. Escurre. Retira los cilindros. Reserva.

Para la crema de castañas:

Cuece las castañas con agua, el azúcar y la vainilla hasta que estén blandas. Cuando esto suceda, escúrrelas bien y tritúralas con el azúcar moreno. Pon este puré en una batidora-calentadora, e incorpora un vaso del almíbar en el que se han cocido las castañas. Por último, agrega la nata semimontada y mezcla todo con cuidado hasta que quede homogéneo.

Para la salsa de chocolates diversos:

Tienes que deshacer por separado los tres chocolates a baño maría, con 50 g de agua cada uno.

Final y presentación:

Rellena con la crema de castañas los canutillos sobre los que espolvorearás el azúcar glas.

Esparce en cada plato, de forma caprichosa y entremezcladas, las tres salsas de chocolate, sobre las que depositarás los canutillos rellenos (unos en vertical y otros atravesados). Decora con una castaña glaseada, así como con la menta en hojas y la picada. Así en los cuatro platos.

CREMA FRITA CON SOPA FRÍA DE FRUTAS Y PISTACHO

INGREDIENTES Y CANTIDADES
(para 4 personas)

Para la crema frita:
1 l de leche
80 g de harina de maíz
200 g de azúcar
6 yemas
1/2 cáscara de lima o limón
1 rama de canela
agua
aceite de oliva
1 huevo batido
harina
2 cucharadas de canela en polvo

Para la sopa de frutas y pistacho:
100 g de azúcar
200 g de agua
1/2 limón en zumo
50 g de manzana pelada y en
    taquitos
50 g de mango pelado y en taquitos
1 nuez de mantequilla
1/2 cucharada de perejil picado
15 g de pasta de pistacho
1 rama de vainilla

Para decorar:
unas hojas de menta

ELABORACIÓN

Para la crema frita:

Pon a cocer la leche con la rama de canela y la corteza de limón. Por otra parte, mezcla en un bol las yemas con 175 gramos de azúcar y, después, la harina. Cuando estén bien batidos todos los ingredientes, añade la leche hirviendo pero retirando la canela. Deja que el conjunto hierva unos momentos sin dejar de remover. A continuación, viértelo todo sobre una placa grande y suficientemente ancha (de unos 3 centímetros de grosor), que previamente habrás humedecido con un poco de agua para evitar que se pegue. Deja enfriar completamente esta placa.

Para la sopa de frutas y pistacho:

Hierve el azúcar y el agua junto con la vainilla y la pasta de pistacho durante 5 minutos. Por otro lado, saltea ligeramente los taquitos de manzana con la mantequilla. Deja enfriar el jarabe y la manzana, retirando la rama de vainilla. Una vez frío el jarabe, añade los taquitos de manzana salteados, así como el mango, el perejil y el zumo de limón. Mezcla todo bien.

LA RECETA DE JUAN MARI ARZAK

Final y presentación:

Con la ayuda de un cuchillo o de un molde, corta de la placa de crema trozos del tamaño y forma que prefieras. Pásalos ligeramente por harina (eliminando el sobrante con golpecitos aplicados suavemente a los trozos) y, después, por huevo batido. Fríelos en aceite abundante. Nada más sacarlos, escurre el exceso de aceite colocando la crema frita sobre un papel absorbente o servilleta de papel. Después, rebózalos en el azúcar restante y en la canela en polvo.

Vierte en un plato hondo unas cucharadas de la sopa de frutas y pistacho y deposita encima la crema frita caliente. Decora con una hoja de menta. Así en los cuatro platos.

DULCE DE MELOCOTÓN Y AVELLANA CON SALSA DE CEREZAS ASADAS

INGREDIENTES Y CANTIDADES
(para 6 personas)
Para el bizcocho de avellana:
230 g de avellanas
125 g de azúcar
325 g de claras
1 copa de licor de melocotón

Para el puré de melocotón:
1 kg de melocotones maduros
50 g de azúcar
1 pizca de sal
3 hojas de gelatina alimentaria
2 cucharadas de nata líquida
agua

Para el praliné de avellana y rayas de chocolate:
100 g de mantequilla
50 g de pasta de avellana (praliné)
200 g de chocolate negro
200 g de chocolate blanco

Para la salsa de cerezas:
1 kg de cerezas
200 g de azúcar

Además:
1 melocotón
hojas de menta

ELABORACIÓN
Para el bizcocho de avellana:
Mezcla en un bol las avellanas (trituradas en granillo), 50 g de azúcar y 150 g de claras. A continuación, añade el resto de las claras montadas a punto de nieve con el azúcar restante. Mezcla con cuidado. Hornea esta mezcla sobre una placa antiadherente (de 60 x 40 centímetros) a 180 ºC. Cuando esté hecho el bizcocho, retíralo del horno y parte la placa de bizcocho por la mitad.

Para el puré de melocotón:
Pela y asa los melocotones, añadiéndoles la sal y el azúcar, a 180 ºC durante 1 hora. Transcurrido este tiempo, retírales el hueso, tritúralos y cuela. Añade a este puré la gelatina (hidratada previamente en un poco de agua fría), derretida en la nata líquida que habrás calentado. Remueve el conjunto y deja enfriar.

Para el praliné de avellana y rayas de chocolate:
Sobre una hoja de plástico, extiende el chocolate blanco derretido. Peina con un peine de chocolate (de lo contrario, con un peine de permanente). Deja enfriar y extiende encima el chocolate negro derretido. Y deja enfriar nuevamente.

LA RECETA DE JUAN MARI ARZAK

Añade a la pasta de avellanas o praliné la mantequilla en pomada, mezclando bien.

Final y presentación:

Extiende encima del chocolate el praliné de avellanas enriquecido con la mantequilla. Deja enfriar. Coloca encima una de las placas de bizcocho. Y cubre ésta con el puré de melocotón. Completa la operación colocando otra placa de bizcocho, emborrachado previamente con el licor de melocotón.

Corta la preparación en seis cuadrados y dale la vuelta.

Retira el plástico.

Coloca cada trozo de tarta en un plato, depositando a su lado unas cucharadas de salsa de cerezas. Decora asimismo con láminas finas y largas de melocotón y hojas de menta.

GRATINADO DE FRUTAS CON JUGO DE ROOIBOS

INGREDIENTES Y CANTIDADES
(para 4 personas)
2 melocotones
50 g de frambuesas
50 g de cerezas
1 mango
2 plátanos
2 naranjas
unas gotas de limón
unas hojas de menta

Para el sambayón:
80 g de azúcar
2 yemas
1 dl de vino dulce (moscatel)
ralladura de la piel de medio limón

Para el jugo de rooibos:
2 tazas de agua
2 cucharaditas rasas de rooibos

Para el almíbar:
100 g de agua
50 g de azúcar
1/2 limón en zumo

ELABORACIÓN

Pela los melocotones, el mango, los plátanos y las naranjas. Limpia el resto de frutas. Saca los gajos de las naranjas y quita los huesos de las cerezas. Filetea el mango y corta los melocotones en trozos. Secciona cada plátano como un cono truncado, rociándolo con el zumo de limón.

Para el sambayón:

Calienta en un cazo el vino, la ralladura de limón y el azúcar. Lleva a ebullición todo, y mantenlo así hasta que resulte un jarabe a punto de bola.

Aparte, en un bol al baño maría pon las yemas y bátelas con una varilla hasta doblar su volumen. Cuando estén calientes, vierte el anterior jarabe, hirviendo, sin dejar de batir ni un momento. Pon el sambayón en una batidora fija y sigue batiendo hasta que enfríe.

Para el jugo de rooibos:

Pon a calentar dos tazas de agua. Coloca en una tetera caliente el rooibos. Vierte el agua caliente en la tetera y deja las hojas de rooibos en infusión durante 5 minutos. Transcurridos éstos, saca las hojas y deja reposar la infusión hasta que enfríe. Mientras tanto, prepara un almíbar ligero con el resto de los ingredientes, almíbar que, una vez frío, mezclarás con la infusión anterior.

LA RECETA DE JUAN MARI ARZAK

Final y presentación:

Coloca en cada plato (refractario, pues tendrá que soportar altas temperaturas en el horno) las distintas frutas reservadas. En un costado, los gajos de naranja. Esparce las cerezas y las frambuesas. Dispón en otro hueco los trozos de melocotón. En otro costado del plato instala medio plátano truncado, apoyado en las láminas del mango fileteado. Cúbrelo todo con el sambayón. Coloca cada plato bajo la gratinadora (a una distancia prudencial, para que se haga lentamente). Cuando la superficie esté dorada (pero sin quemarse), saca todo del horno y rocía alrededor del plato el jugo de rooibos frío. Decora con menta en hojas y picada. Así en los cuatro platos.

HELADO DE QUESO BLANCO CON CREMA DE GROSELLAS Y GALLETA DE NARANJA

INGREDIENTES Y CANTIDADES
(para 4 personas)
Para el helado:
225 g de azúcar
75 g de nata líquida
100 g de leche
1/4 kg de queso fresco
1/4 kg de yogur

Para la crema de grosellas:
1/2 kg de grosellas frescas
150 g de azúcar

Para las galletas de naranja:
150 g de claras
150 g de azúcar
150 g de mantequilla
150 g de harina
ralladura de la piel de 3 naranjas

ELABORACIÓN
Para el helado:
Bate el queso fresco y el yogur hasta que todo quede uniforme. Añade el resto de los ingredientes y bate bien. Cuando el conjunto esté perfectamente homogéneo, introdúcelo en la heladora o sorbetera. Turbina: el tiempo de esta operación depende mucho de los diferentes tipos de aparatos; los hay que tardan pocos minutos, y los que pueden extenderla a más de 1 hora.
Mientras se elabora el helado, realiza las otras operaciones del plato.

Para la crema de grosellas:
Quita los rabillos de las grosellas. Junta las grosellas con el azúcar. Remueve bien y deja así un rato. Después, tritura y cuélalo todo en frío.

Para las galletas de naranja:
Mezcla todos los ingredientes en frío. Ve colocando en montoncitos la masa obtenida en un papel sulfurizado. Aplasta cada montoncito hasta que la masa quede extendida. Hornea esta preparación a 180 °C durante 3 minutos. Transcurrido este tiempo, sácala del horno y retira las galletas con ayuda de una espátula. Deja enfriar sin amontonarlas.

Final y presentación:
Forma las bolitas de helado, o dales forma estirada como una quenelle*.
Deposita en la base del plato unas cucharadas de crema de grosellas. A su lado coloca dos bolitas de helado de queso, y, apoyándola en ellas de forma vertical, sitúa una galleta de naranja. Así en los cuatro platos.
*Si careces de sacabolas o de una

cuchara especial, puedes arreglárte-las con dos cucharas soperas. Utiliza la primera para coger el helado; con la segunda moldeas, y vuelves a mol- *dear de nuevo con la primera. Cada vez que realices esta operación, introduce las cucharas en un reci-piente con agua caliente.*

PASTEL DE CHOCOLATE AL HORNO CON SALSA DE NARANJA

INGREDIENTES Y CANTIDADES
(para 4 personas)
200 g de chocolate amargo
40 g de mantequilla
4 huevos
50 g de azúcar
menta fresca
nata semimontada
frutas rojas

Para la salsa de naranja:
3 dl de zumo de naranja
60 g de azúcar
4 cucharadas de agua
1 dl de brandy
1 dl de licor de naranja

ELABORACIÓN

Derrite el chocolate en un recipiente, directamente al fuego o al baño maría, con la mitad de la mantequilla. Deja templar. Añade las yemas y las claras, que habrás montado a punto de nieve con el azúcar correspondiente. Remueve con sumo cuidado. Mete en el frigorífico durante 2 horas.

Para la salsa de naranja:

Pon en un cazo el agua y el azúcar a fuego lento, hasta que tome color. Añade el zumo de naranja y los licores. Mantén a fuego suave,

removiendo constantemente. Deja reducir hasta que quede una salsa untuosa.

Reparte la mousse de chocolate en moldes pequeños, que habrás untado previamente con mantequilla. Mételos en el horno a 225 °C (horno fuerte) durante 10 minutos. Ten cuidado de que queden cremosos por dentro. Es esencial que los sirvas apenas horneados.

Presentación:

Reparte en cada plato, formando un triángulo, la salsa de naranja con la punta hacia el centro del plato. Allí mismo coloca cada pastel recién horneado, sobre el que pondrás unas hojas de menta. Sobre la salsa de naranja dispón las frutas rojas, gotitas de chocolate líquido y nata semimontada.

LA RECETA DE JUAN MARI ARZAK

PASTEL VASCO CON NARANJA Y POMELO ROSA

INGREDIENTES Y CANTIDADES
(para 4 personas)
600 g de harina
400 g de azúcar
360 g de mantequilla
4 yemas
1/2 sobre de levadura
200 g de almendra en polvo
10 gotas de pernod
1 pizca de sal

Para la crema:
1/2 l de leche
100 g de almendra molida
100 g de nata líquida
120 g de azúcar
30 g de harina de maíz refinada
3 huevos
10 gotas de pernod

Para la salsa de cítricos y albaricoques:
6 naranjas
12 piezas de albaricoques secos
125 g de azúcar
zumo de 1 limón
1 rama de canela
150 g de agua

Además:
huevo batido
mantequilla
gajos de 1 naranja cortada y sin piel
gajos de 1 pomelo cortado y sin piel

ELABORACIÓN
Dispón todos los ingredientes de la base del pastel y mézclalos con la mano hasta conseguir una masa arenosa, que luego se volverá más compacta. Ocurrido esto, cubre la pasta con un paño húmedo y déjala reposar durante 1 hora.

Para la crema:
Por un lado, pon a hervir la leche con la nata. Por otro, pon en un cazo los huevos, el azúcar y la almendra molida. Remueve hasta que esto se haya mezclado bien. Vierte encima la harina (previamente tamizada) y mezcla bien. Añade la leche y la nata hirviendo. Sin dejar de remover, acerca el cazo al fuego y añade el pernod. Deja hervir poco tiempo (hasta que espese). Entonces ponlo todo a reposar y deja que enfríe.

Para la salsa de cítricos y albaricoques:
Pon a cocer todo lo indicado, salvo las naranjas. Cuando estén bien cocidos los albaricoques, retira la canela. Tritura y cuela el resto. Aligera con el zumo de las naranjas y hierve brevemente (menos de 1 minuto). Deja enfriar.

LA RECETA DE JUAN MARI ARZAK

Final y presentación:

Corta los gajos de la naranja y del pomelo del relleno y reserva.

Divide la pasta en dos partes. Con la ayuda de las manos, dispón una capa fina de la masa sobre el molde engrasado con mantequilla (incluyendo las paredes del mismo). Deposita encima una capa de crema y, por último, una de gajos de naranja y de pomelo. Cubre el conjunto con el resto de la masa estirada, a modo de tapa. Con un tenedor aplasta bien el borde de la pasta, para que se una bien con la que sirve de base, quedando todo, entonces, sellado por entero. Pinta con huevo batido la superficie de la pasta.

Hornea dependiendo del tamaño de los moldes: a 110 ºC y de 15 a 20 minutos si son individuales; si se trata de 8 raciones, puedes llegar a los 40 minutos a igual temperatura.

Saca y sirve caliente o frío, acompañando todo con la salsa fría de cítricos y albaricoques.

Piña cocida en ron con mousse de avellana y aceite de vainilla

Ingredientes y cantidades

(para 4 personas)
1 piña mediana
1/4 l de ron
1/4 l de agua
1/4 kg de azúcar

Para la mousse de avellana:
30 g de claras
30 g de azúcar
150 g de nata montada
50 g de avellanas picadas
75 g de pasta de avellanas
    (ligeramente azucarada)
unas hojas de menta picada

Para el aceite de vainilla:
100 g de aceite de girasol
3 vainillas en rama

Para la salsa de vino y canela:
200 g de oporto
75 g de azúcar
1 rama de canela

Para decorar:
avellanas tostadas y caramelizadas
    (sumergidas en un caramelo
    dorado)
menta picada
hojas de verbena limonera
    (en su defecto, de menta)

Elaboración

Descorazona la piña y pela su piel. Lamínala en sentido vertical. Cuécela en ron, agua y azúcar 10 minutos a fuego muy suave. Reserva.

Para la mousse de avellana:
Monta la nata con la avellana picada, la pasta de avellanas y la menta picada. Añade las claras con el azúcar, montadas a punto de nieve. Reserva.

Para el aceite de vainilla:
Abre las vainillas y deposítalas en un bol con el aceite. Deja todo así 2 o 3 días a temperatura ambiente. Transcurridos éstos, retira las ramas (deben quedar los puntitos salpicando el aceite).

Para la salsa de vino y canela:
Hierve a fuego lento el conjunto hasta que tome un cuerpo ligero. Deja enfriar.

Final y presentación:
Forma unos rollitos con las láminas de piña. Valiéndote de una manga de pastelería (o de una cucharilla pequeña), rellena los rollitos con la mousse de avellana.

LA RECETA DE JUAN MARI ARZAK

Dispón cada rollito de piña rellena en un costado del plato. A su lado, deposita un poco de salsa de vino y canela. En el otro lado del plato, vierte una cucharada de aceite de vainilla y, junto a ésta, coloca unas avellanas caramelizadas.

Espolvorea con la menta picada y decora con una ramita de verbena limonera. Así en los cuatro platos.

RULO DE CHOCOLATE CON MANZANA E INFUSIÓN DE REGALIZ

INGREDIENTES Y CANTIDADES
(para 4 personas)
Para el rulo de chocolate:
300 g de chocolate negro

Para la manzana glaseada:
*300 g de manzana reineta (u otra
   ácida) en bolitas*
150 g de azúcar
zumo de 1 limón
200 g de mantequilla

Para la crema de castaña y yogur:
100 g de pasta de castaña
50 g de yogur natural

Para la salsa de regaliz:
750 g de leche
250 g de nata líquida
8 yemas
180 g de azúcar moreno
5 palos o raíces de regaliz

Para la infusión de vainilla:
3 ramas de vainilla
150 g de agua
75 g de azúcar

Para decorar:
*unos trocitos de lámina de
   chocolate*
menta fresca

ELABORACIÓN
Para el rulo de chocolate:
   Derrite y templa el chocolate. Extiéndelo sobre un plástico rectangular del tamaño que desees el rulo; tienes que hacerlo en una capa muy fina. Junta entonces sus extremos hasta unirlo. Quedará una forma de tubo circular, que deberás sostener con un aro metálico o, simplemente, envuelto en papel antiadherente sujeto con una tirita de cinta adhesiva, que luego retirarás. Enfríalo así 1 hora por lo menos.

Para la manzana glaseada:
   Pocha suavemente el conjunto de ingredientes hasta que la fruta esté ligeramente blandita. Deja que repose y escurra bien.

Para la crema de castaña y yogur:
   Mezcla bien los ingredientes hasta formar una pasta espesa.

Para la salsa de regaliz:
   Hierve la leche con la nata y los palos de regaliz. Bate las yemas con el azúcar. Cuando esto último esté espumoso, añade la preparación anterior, caliente, juntándolo todo suavemente. Caliéntalo entonces para que espese, pero sin llegar a

LA RECETA DE JUAN MARI ARZAK

dejarlo hervir, como si de una natilla se tratase. Enfría.

Para la infusión de vainilla:

Mezcla todos los ingredientes y cuécelos hasta que todo se reduzca y espese un poco. Deja enfriar.

Final y presentación:

Mezcla las bolas glaseadas de manzana con la crema de castaña y yogur. Rellena cada rulo de chocolate con esta preparación. Déjala reposar en sitio frío una media hora. Transcurrida ésta, coloca el rulo en el plato de presentación y dale la vuelta de tal forma que quede en posición de rodar. Extiende a su alrededor unas cucharadas de salsa de regaliz. Sobre ella, dibuja unas rayas de infusión de vainilla, y también distribuye trocitos de lámina de chocolate partidos irregularmente. Decora con menta picada y en hojas. Así en los cuatro platos.

SOPA TIBIA DE MANDARINA CON FRESAS, SU GELATINA Y HELADO DE TOMILLO

INGREDIENTES Y CANTIDADES
(para 4 personas)

Para la gelatina de fresas:
1 kg de fresas
2 l de agua
12 gelatinas (24 g por cada l de líquido)
60 g de azúcar
1 pizca de pimienta verde

Para la sopa de mandarinas:
400 g de zumo de mandarina
100 g de azúcar
1 nuez de mantequilla
1 rama de vainilla
1 pizca de orégano

Para el bizcocho de limón:
140 g de harina
6 huevos
130 g de azúcar
ralladura de 2 limones
4 cucharadas de zumo de mandarina
1 copa de licor de mandarina (o de naranja)

Para el helado:
8 yemas
300 g de azúcar
1/2 l de leche
1/2 l de nata líquida
2 ramitas de tomillo limonero

Además:
fresas
frambuesas
grosellas
piña en taquitos
unas hojas de tomillo
unas hojas de menta

ELABORACIÓN

Para la gelatina de fresas:

Coloca las fresas en un paño fino y limpio, cerrándolo bien para que no se escapen. Ponlas sobre una rejilla, y ésta, a su vez, sobre una cazuela con agua. Pon a hervir y mantén una llama casi imperceptible entre 5 y 6 horas, hasta que se haya reducido el líquido a menos de la mitad y se vea teñido de rojo por el jugo que han soltado las fresas. Añade entonces el azúcar y la pimienta y da un hervor. Agrega las gelatinas (24 gramos por litro) y deja gelatinizar en el frigorífico durante unas cuantas horas.

Para la sopa de mandarinas:

Calienta el azúcar con la mantequilla, añadiendo a continuación el zumo de mandarina, la vainilla (a la que habrás extraído los granos) y el orégano. Cuécelo todo 5 minutos. Cuela y deja hasta que esté tibio.

Para el bizcocho de limón:

Separa las claras de las yemas. Monta las claras a punto de nieve. Bate las yemas con el azúcar hasta que se blanquee. Incorpora lentamente las claras a punto de nieve, así como la ralladura de limón. Agrega poco a poco, removiendo, la harina tamizada. Prepara un molde rectangular antiadherente y vierte en él la preparación anterior. Hornea 10 minutos a 180 °C. Saca todo entonces y haz porciones pequeñas. Emborráchalas con la mezcla de licor y zumo.

Para el helado:

Calienta la leche y la nata junto con el tomillo exactamente hasta que hiervan. Monta las yemas con el azúcar y añade el líquido anterior. Una vez que todo esté homogéneo, caliéntalo sin hervir, como unas natillas. Déjalo enfriar e introdúcelo en la sorbetera. Monta el helado siguiendo los consejos de cada marca.

Presentación:

Vierte en el fondo del plato la sopa tibia. Sobre ella, y en un costado, dispón el bizcocho emborrachado, y sobre éste, las fresas y el resto de frutas. A un lado del bizcocho pon de forma irregular la gelatina, y exactamente a su lado, el helado de tomillo. Decora con hojas de menta y de tomillo.

TARTA DE HIGOS CON RUIBARBO (O MERMELADA ÁCIDA) Y ZANAHORIA DULCE

INGREDIENTES Y CANTIDADES
(para 6 personas)
1/2 kg de higos frescos
300 g de masa de hojaldre
1 huevo batido
1 cucharada de harina
menta fresca
mantequilla

Para la mermelada de ruibarbo:
1/2 kg de ruibarbo
1/2 kg de azúcar

Para la salsa de zanahoria:
1 kg de zanahorias
300 g de azúcar

ELABORACIÓN
Para la mermelada de ruibarbo:

Corta el ruibarbo, previamente pelado, en bastoncitos de aproximadamente 1 centímetro. Coloca en un bol el ruibarbo ya cortado. Añade el azúcar. Deja macerar durante un día sin añadir nada de agua. Transcurrido ese tiempo, verás que ha soltado abundante jugo. Coloca el contenido del bol (de fruta y líquido) en una cazuela a fuego lento. Mantén hirviendo durante 5 minutos removiendo suavemente. Pasados éstos, saca y deja enfriar.

Para la salsa de zanahoria:

Echa la zanahoria en una licuadora y procede a extraer su zumo. Una vez obtenido éste, agrégale 300 g de azúcar. Remueve el conjunto con una espátula y coloca el líquido azucarado obtenido en un cazo. Ponlo a fuego lento hasta obtener una salsa ligera pero untuosa. Sácala y deja enfriar. Reserva.

Además:

Unta con mantequilla 6 moldes individuales y de forma rectangular. Lamina los higos. Colócalos superpuestos en los moldes, al gusto en una o varias capas.

LA RECETA DE JUAN MARI ARZAK

En una mesa limpia y espolvoreada con harina, extiende el hojaldre (que bien puedes comprar elaborado) hasta obtener un espesor lo más fino posible. Con un cuchillo corta rectángulos del tamaño de los moldes. Tapa cada molde con una capa de masa hojaldrada. Píntalo todo con huevo batido. Hornea el hojaldre con los higos durante unos 20 minutos a 180 °C.

Transcurrido ese tiempo, saca del horno las tartitas y, estando éstas todavía calientes, dales la vuelta como si se tratara de un flan, cada una sobre un plato de presentación.

Baña abundantemente cada tarta por encima con la mermelada de ruibarbo. Vierte una cucharada del jugo de zanahoria y extiéndelo alrededor de la tarta. Decora con menta fresca u otra hierba aromática al gusto. Así en todos los platos.

TARTA DE MANZANA ÁCIDA CON PACHARÁN Y SIDRA

INGREDIENTES Y CANTIDADES
(para 4 personas)

Para la pasta sable o quebrada:
250 g de harina
125 g de mantequilla
1 huevo
1 cucharadita de agua
1 cucharadita de azúcar
1 pizca de sal

Para el puré de manzana:
1 kg de manzanas (errezila o
    reineta de Aragón)
330 g de azúcar
330 g de sidra
50 g de licor de pacharán

Para la manzana gratinada:
3 manzanas (errezila o reineta de
    Aragón)
50 g de mantequilla
2 cucharadas de mermelada de
    albaricoque
agua caliente (si es preciso)

Para el aceite de frambuesa:
100 g de puré de frambuesas
    naturales
50 g de aceite de avellanas (o de
    nuez)

Para la guarnición (opcional):
1 manzana para gratinar

ELABORACIÓN

Para la pasta sable o quebrada:
Mezcla los ingredientes, sin amasarlos, hasta formar una pasta homogénea. Deja reposar un rato. Para hacer la tartaleta, extiende la pasta con el rodillo y fondea los 4 moldes individuales (redondos y de 11 centímetros de diámetro).

Hornea la pasta sola, poniéndole peso encima, durante 15 minutos a 180 °C. Te sobrará pasta para otros usos.

Para el puré de manzana:
Hornea las manzanas descorazonadas con el azúcar y mojadas con la sidra durasnte 1 hora a 180 °C.

Añade el pacharán. Al sacarlas, tritúralas y, después, tamízalas.

Para la manzana gratinada:
Pela y corta las manzanas en gajos. Échales mantequilla y ponlas a gratinar hasta que estén doradas.

Prepara también el aceite de frambuesa; para ello, pasa el puré de frambuesa a través de una estameña (una tela) y mezcla esta esencia con el aceite de avellana.

Rellena las tartaletas con el puré de manzana. Cúbrelas con los gajos de manzana gratinados. Abrillanta con un poco de mermelada de albaricoque, aligerada si es preciso. Da un golpe de horno a las tartaletas. Una vez calientes éstas, colócalas de a una en un lado del plato de presentación. Pon al otro lado unas cucharadas de aceite de frambuesa, y decora (si quieres) con gajos de manzana gratinados. Así en los cuatro platos.

TARTA TATÍN DE RUIBARBO CON SALSA DE DULCE DE LECHE

INGREDIENTES Y CANTIDADES
(para 4 personas)
Para el hojaldre:
1/2 kg de harina de fuerza
250 g de agua
1/2 kg de mantequilla
unas gotas de vinagre
sal
harina
15 g de mantequilla (aparte)

Para la fruta horneada:
200 g de ruibarbo en dados
50 g de azúcar
1 pizca de nuez moscada rallada

Para el dulce de leche:
1 l de leche
100 g de nata líquida
1 rama de vainilla
1 rama de canela
200 g de azúcar moreno

Para decorar:
unas hojas de hierba luisa
unas ramas de vainilla
unas ramas de canela

ELABORACIÓN
Para el hojaldre:
Deposita la harina, tamizada, en la mesa de trabajo en forma de montaña. Abre una especie de volcán en el centro. Coloca ahí los 15 gramos de mantequilla, la sal y el vinagre. Vierte poco a poco el agua, y con la mano libre mezcla todo con la harina hasta obtener una bola. Deja descansar ésta, cubierta con un trapo húmedo, con un corte en forma de cruz en la parte superior.

Trabaja con las manos el resto de la mantequilla hasta que esté blanda. Dale una forma rectangular.

Una vez pasados 10 minutos, coloca la bola de masa encima de la mesa, espolvoreada con harina. Dale forma de cruz aplanando las cuatro esquinas. Deposita la mantequilla en el centro. Dobla las cuatro esquinas hacia el centro, rodeando la mantequilla (como si fuera un pañal). Quedará un rectándulo de unos 2 centímetros de grosor. Levanta el plastón de la mesa, espolvoréalo con harina y procede a darle vueltas.

La primera vuelta: dobla la masa formando tres partes iguales. Monta un extremo sobre la parte del medio y la parte restante sobre las anteriores. Pasa el rodillo y gira la masa un cuarto para su estirado.

La segunda vuelta: estira la masa en forma rectangular (con espesor más fino) y da esta segunda vuelta al igual que la primera.

La tercera vuelta: es doble. Una vez estirada la masa, divídela en cuatro partes que doblarás, las de los extremos sobre el medio y uno de los conjuntos resultantes encima del otro. Pega con el rodillo las puntas y da un cuarto de vuelta. Después de lo cual la masa habrá de reposar 10 minutos.

La cuarta y quinta vueltas: son iguales que la primera.

Finalizadas las vueltas, la masa tiene que reposar en el frigorífico 30 minutos. Entonces, estira la masa y hornéala (en horno precalentado) a 200 °C durante 20 a 25 minutos.

Para la fruta horneada:

Hornea los dados de ruibarbo bien alineados, con azúcar, en un horno a 200 °C durante 8 a 10 minutos.

Para el dulce de leche:

Mezcla todos los ingredientes y ponlos en una cazuela a fuego lento, sin dejar de dar vueltas con una cuchara de madera. Mantén así el conjunto hasta que espese. Deja enfriar y retira las especias en rama.

Final y presentación:

Corta el hojaldre en porciones.

Coloca en el centro del plato los dados de ruibarbo ya horneados. Exactamente a su lado (pegados a ellos) instala la parte del hojaldre recién horneado. Acompaña con unas cucharadas de dulce de leche. Decora con unas hojas de hierba luisa y una rama de canela y otra de vainilla. Así en los cuatro platos.

TORRIJA DE PAN DE CENTENO CON SALSA DE MELÓN Y CALABACÍN EN ALMÍBAR

INGREDIENTES Y CANTIDADES
(para 4 personas)
Para la torrija:
1/2 l de leche
1/4 l de nata
80 g de pan de centeno
3 huevos
3 g de semillas de amapola
3 g de sésamo negro
1 g de semillas de anís
30 g de licor de melocotón
30 g de aguardiente de frambuesa
80 g de azúcar
1 rama de vainilla

Para el puré de calabacín:
1/2 kg de calabacín sin pelar
200 g de mantequilla
125 g de azúcar

Para la salsa de melón:
200 g de agua
50 g de licor de melón
5 ramitas de azafrán
60 g de azúcar
3 g de perejil picado
10 g de harina de maíz

Para el calabacín en almíbar:
100 g de calabacín
200 g de agua
100 g de azúcar

Además:
hojas de menta

ELABORACIÓN
Para la torrija:
Hierve todos los ingredientes menos los licores y los huevos. Bate levemente para romper el pan. Agrega fuera del fuego los licores y los huevos. Mezcla bien. Hornea la mezcla en moldes de 12 centímetros de ancho por 2 centímetros de alto durante 8 minutos a 200 °C. Sácalo todo y déjalo enfriar en el molde. Reserva.

Para el puré de calabacín:
Trocea el calabacín en dados. Póchalo con 150 gramos de mantequilla a fuego muy lento durante 50 minutos. Añade entonces el azúcar y déjalo hervir 5 minutos más. Tritúralo una vez templado. Añade el resto de la mantequilla. Reserva.

Para la salsa de melón:
Hierve todos los ingredientes, menos la harina de maíz, durante 5 minutos. Liga con la harina de maíz.

Para el calabacín en almíbar:
Elabora un almíbar con el agua y el azúcar. Déjalo enfriar. Corta el

LA RECETA DE JUAN MARI ARZAK

calabacín en láminas muy finas (como papel de fumar). Macéralo en el almíbar frío durante unas 2 horas.

Final y presentación:

Saca la torrija del molde y ponla en el centro del plato. Deposita enci-

ma una cucharada de puré de calabacín. Sobre este puré, pon las láminas de calabacín de forma artística. Napa con la parte correspondiente de la salsa de melón. Decora con las hojas de menta. Así en los cuatro platos.

TULIPA DE CHOCOLATE CON MOUSSE DE QUESO, LIMA Y SALSA DE TOMATE

INGREDIENTES Y CANTIDADES
(para 4 personas)
Para la tulipa:
200 g de chocolate negro
200 g de chocolate blanco

Para la mousse de queso y lima:
5 yemas
225 g de azúcar
75 g de zumo de lima
600 g de queso fresco
150 g de nata montada

Para la salsa de tomate:
1 kg de tomates maduros
200 g de azúcar
1 pizca de orégano

Para decorar:
unas hojas de menta
unas cuantas fresas u otras frutas
*   rojas*

ELABORACIÓN
Para la tulipa:
   Derrite los chocolates, sin templar. Una vez derretidos, forma pequeñas porciones que depositarás sobre un mármol helado (para ello, deberás haberlo puesto 24 horas en el congelador). Extiende un poco cada montoncito y recógelo inmediatamente con la ayuda de una espátula. Coloca cada lámina flexible sobre un vaso (volcado), que le dará forma de una cazoleta o tulipa en cuanto se enfríe y endurezca. Reserva.

Para la mousse de queso y lima:
   Monta, con ayuda de una batidora, las 5 yemas con 65 gramos de azúcar. Por otra parte, mezcla el zumo de lima con el resto del azúcar. Pon este último al fuego y déjalo hervir hasta los 124 ºC. Añade esta preparación hirviendo a la anterior, elaborada sin dejar de batir ni un instante. Deja que todo se vaya enfriando, pero sin dejar de batir (unos 20 minutos).
   Una vez frío el conjunto anterior, añade el queso fresco y la nata montada (que previamente habrás juntado y trabado). Agrégalo todo con cuidado y no batas en exceso, para que no se desmonte la mousse anterior. Deja reposar.

Para la salsa de tomate:
   Licúa el tomate. Añade el azúcar y el orégano. Mezcla bien. Pon al fuego un cazo y deja reducir a fuego suave hasta que quede una salsa untuosa pero líquida. Cuela si así lo deseas. Deja enfriar.

LA RECETA DE JUAN MARI ARZAK

Final y presentación:

Coloca la mousse dentro de la tulipa.

Sitúa en un lado del plato la tulipa ya rellena con la mousse de queso y lima. A su lado, dispón unas cu-charadas de salsa de tomate fría. Decora con fresas u otra fruta roja, así como con menta picada que espolvorearás por el conjunto. Así en los cuatro platos.

ÍNDICE